John D. Rockefeller

洛克菲勒 自傳

我們相信對大多數人而言，
讀這本書意味著成功與失敗的分界！

我心目中的賺錢英雄只有一個，那就是洛克菲勒。
——比爾・蓋茲 Bill Gates

如果把我剝得一無所有丟在沙漠的中央，
只要一行駝隊經過——我就可以重建整個王朝。
——約翰・洛克菲勒 John D. Rockefeller

前言

或許到了人生的某個階段，每個人都會回憶起大大小小的往事，正是這些往事構成了辛勤工作和快樂幸福的人生百味。我發現自己正在變成這樣一個絮絮叨叨的老人，急切地想把在我積極向上的一生中出現過的人和發生過的事告訴大家。

我所交往的大多是這個國家最有趣的一些人，尤其是商業界的商人，正是他們構築了美國商業，並把美國商品遠銷全球。下面要談到的這些往事，在當時對我至關重要，因此，直到現在，仍然深深地烙在我的腦海中，經常勾起我的回憶。

到底在多大程度上對公眾保有隱私，或者在多大程度上保護自己不受攻擊，這一直是一個爭論未決的問題。如果一個人過多談論自己的所作所為，很容易被冠以自大的稱號；但如果一個人保持緘默，有時可能容易引起別人的誤解，覺著你做錯了什麼，而這時緘默便被當作你無法辯駁的明證。

我從不習慣於把個人事務公諸於眾，但既然我的家人和朋友們想讓我把一些有爭議的事情闡述清楚，留下記錄，我想還是應該聽從他們的建議，以這種非正式的方式重新回憶生命中的有趣經歷。

現在寫這個回憶錄還有另外一個原因：如果在公眾中廣為流傳的事情只有一〇％的內容真實可靠，那麼我的那些忠誠而又能幹的朋友，一定蒙受了深冤，當中的許多人已經與世長辭。本來我已經決定保持沉默，希望離開人世之後，事實會逐漸地浮出水面，歷史將作出公正的裁決。不過我還活著，還能夠證明一些事情，似乎應該站出來，幫助人們從新的視角來看待一些頗具爭議的事情。我相信，人們還沒有充分地理解這些事情。

所有這些事情關係逝者的聲譽及生者的生活。因此，唯一合理的做法就是在公眾作出最終評判前，為他們提供一手的資料。

著手寫這些回憶之前，我並沒有想到要把它出版成書，甚至未把它當作一部非正式的自傳，所以沒有認真地琢磨如何安排前後順序及確保故事的完整性等問題。

沉浸在多年來朝夕相處、親密無間的合作夥伴和同事間的深厚友誼中，我感到無比的快樂和滿足。雖然這些經歷是我一生中的快事，但我意識到，如果長篇大論肯定會讓讀者厭煩。因此，在回憶錄中，我只提到了在構築商業利益中，表現積極活躍的一小部分合作夥伴。

一九〇九年三月

約翰・洛克菲勒

目錄

第五章 其他的商業經歷和商業原則

第七章 慈善托拉斯：贈予合作原則的價值

第一章

舊朋老友

阿奇博爾德先生

由於只是一些零散、非正式的回憶記錄，所以我可能會絮叨很多小事情，請大家見諒。

回顧我的一生，腦海中留下的最鮮活的回憶，便是和老同事共事的場景。在本章談起這些朋友，而不談別的朋友，並不代表其他人對我不重要，我只是想在後面的章節中，再談談早期的那些朋友。

人們可能會忘記與一個老朋友初次相逢時的情景，或者對一個老朋友的第一印象是什麼，但我永遠不會忘記第一次見標準石油公司現任副總裁約翰·阿奇博爾德先生（John D. Archbold）時的情形。

那是大約三十五年或四十年前，當時我正周遊全國，與生產商、煉油商、代理商交流，四處考察，瞭解市場行情，尋求商機。

一天，在油田地區附近有個聚會，當我到達旅館時，裡面已經擠滿了石油業的商人，我看到簽到本上寫著一個大大的名字：約翰·阿奇博爾德，每桶四美元。這是一個富有朝氣、熱情四射的傢伙。他不失時機地進行宣傳，在簽到本的簽名後面還加上了廣告語「每桶四美元」估計沒有人會懷疑他對石油業的堅定信念了。「每桶四美元」的吶喊非常引人注目，因為當時原油的價格遠低於此，這次爭取高價的戰役一炮奏響——因為這個價格令人難以置信。然而阿奇博爾德先生最終仍不得不承認，原油不值「每桶四美元」，即便如此，他始終保持著熱情、幹勁和無與倫比的影響力。

他天性幽默。在法庭這種嚴肅的場合，有一次，他出庭做證時，對方律師問他：「阿奇博爾德先生，你是這個公司的董事嗎？」

「是的。」

「你在這個公司擔任什麼職務？」

他立刻回答道：「爭取更多分紅。」這個回答將那位學識淵博的律師引到了另一個問題上。

我一直驚歎於他解決問題的卓越能力。現在，我見到他的機會少了，他總是日理萬機，手頭有處理不完的事情。而我則遠離喧囂的商界，打打高爾夫球、種種樹，過著農夫般的田園生活。即便這樣，仍然覺得時間不夠用。

說起阿奇博爾德先生，我必須再次強調，在標準石油公司工作期間，他們給予我很多讚譽，讓我愧不敢當。我非常幸運，能夠把這麼多能力超群的人集合在一起，他們現在都是公司中舉足輕重的人物。我與他們共事多年，因為他們，許多困難重重的任務

晝夜不停的石油勘探

都完成了，公司得以不斷發展壯大，走到了今天。

我與大部分同事都交往多年，到現在這個年齡，幾乎不到一個月（有時我覺得不到一週），就不得不給相交的家族發出唁電，安慰那些喪失親人的家屬。最近，我數了一下已經去世的早期共事的同事，還沒有數完，就已經有六十多個了。他們是踏實、真誠的朋友，我們共同努力，共擔風雨，一起渡過了艱難的時光。我們曾討論、爭執、斟酌許多問題，直到最終達成共識。我們彼此坦誠相對，做事光明磊落，對此我一直感到十分欣慰。沒有這些作基礎，商業夥伴就無法取得事業的成功。

當然，讓這些意志堅定、堅強有力的人達成共識並不是一件容易的事。我們的方法是耐心傾聽、坦誠討論，每個人都開誠佈公，把所有細節都拿到桌面上討論，儘量得出結論，最終決定行動的進程。這些同伴中保守者通常占大多數，這無疑是件好事，因為大公司總是有一味擴張的衝動。成功人士通常會比較保守，因為一旦失敗，他們會失去很多。但幸運的是，也有一些野心勃勃、敢於冒險的同事，他們通常是公司中最年輕的，雖然人數少，但敢作敢為，極具說服力，令人信服。他們希望有所作為，並快速付諸行動；他們不介意承擔工作的壓力，敢於承擔責任。我對保守者遇到激進者——我可以稱他們為激進者嗎？——或者說是敢於冒險的人時的情形記憶深刻。在所有的事件中，我都是後者的忠實代表。

爭論與資本

我有一個合作夥伴，已經建立了宏偉大業，生意穩健發展，蒸蒸日上，他堅決反對我們大多數人支持的企業改進計畫。據估計，這個企業擴展方案耗資巨大，我想大約要花費三百萬美元。我們反覆討論，和其他幾個同事分析了所有利弊，並且運用了能夠獲得的所有論據，證明為什麼這個計畫不但有利可圖，而且關鍵是能保持我們原有的領導地位。這位老合作夥伴異常固執，堅決不屈服，我甚至能夠看到他把手插到褲袋裡，頭向後昂，站在那裡，擺出抗議的姿態，歇斯底里地喊著：「不行！」

很遺憾，他為了捍衛自己的立場，用爭吵的方式而不是考慮如何尋找證據來支撐自己的觀點。他失去了冷靜的判斷，他的思維已經處於停滯狀態，只剩下了固執。現在，就像我前面提到的，這個企業改善方案至關重要；然而，我們不能和老合作夥伴翻臉，所以我們中的一小部分人下定決心盡全力說服他。於是我們決定透過另一種方式說服他，對他說：「你說我們不需要花這些錢？」

「是的，」他回答道，「投入這麼一大筆錢，可能需要很多年才可見到收益。目前不需要你們想要建造的這些設施，現在工程進展良好，只要能保持現狀就夠了。」

這位合作夥伴明智多才、經驗豐富、資歷很深，對這一行業比我們所有人都熟悉。但我已經說過，我們已經下定決心，如果我們能夠得到他的同意，就堅決執行這個想法；如果他不同意，我們也願意等。激烈的爭論過後，爭吵漸漸平息下來，我們又把這個話題提出來。我已經想到了另外一種新的方式來說服他。我說：「那我獨自出資，自己承擔風險。如果這項支出證明有利可圖，公司就把資本還給我；如果虧損了，我來承擔損失。」

我的這些話打動了他，他不再像原來那麼固執了。他說：「既然你這麼篤定，那我們共同承擔風險吧。如果你可以承擔這個風險，我想我也可以。」事情就這麼定下來了。

我想，所有企業都面臨著如何明智地把握企業發展速度的問題。當時，我們的企業發展迅速，到處大興土木，向各個領域擴展領土。我們要不斷應付各種新的突發事件。發現新的油田後，不得不馬上製造出用來儲存原油的油罐。舊的油田雖日漸枯竭，也有可能會出現新問題，我們因此面臨著雙重壓力，一方面要放棄舊油田上已經建好的整套設施；另一方面，不得不在毫無準備的新油田附近建造工廠，做好儲存和運輸石油的準備。石油貿易之所以屬於風險行業，這是原因之一。好在我們有一個勇敢無畏的團隊，我們都意識到一個重要原則：如果不能全面而有效地把握風險和機遇，企業就不可能獲得重大的成功。

我們反反覆覆地討論這些棘手的問題。有些人急於求成，希冀馬上投入大量資金；其他人則希望能夠保持適度發展速度，穩健前進。這通常是一個相互妥協的過程，我們每次都將問題提出來，一一解決。解決的結果既不像大多數激進派所希望的那麼衝動激進，也不像保守派所希冀的那麼小心翼翼，不過最終，雙方都能就這些問題達成基本共識。

成功的喜悅

我最早的一個合作夥伴亨利・莫里森・弗萊格勒先生（Henry Morrison Flagler）一直是我學習的榜樣。他總想衝在前面，完成各種各樣的大專案；他樂觀努力，總是積極地處理每一個問題，公司早期的快速發展很大程度上應歸功於他驚人的幹勁。

取得像他這樣成就的人，大部分都希望退休，享受舒適的晚年生活，但他卻用一生孜孜不倦的奮鬥來履行自己的使命。他獨自承建了佛羅里達州東海岸的鐵路。他計畫建造從聖・奧古斯丁至基韋斯特（Key West）六百多公里的鐵路。建造這麼長的鐵路對任何人來說都是一項足以傲世的大事業，但他不滿足於此，還建立了一系列豪華酒店，吸引遊客到這個新開發的城市來旅遊。更為重要的是，他運籌帷幄，把所有計劃都付諸實踐，並獲得了巨大的成功。

就是這樣一個人，利用自身的幹勁和資金，推動了這個國家一大片疆土的經濟發展。不論是本地居民，還是新來移民，都擁有了產品交易的市場，他為成千上萬人提供了就業機會。最為重要的是，他承擔並完成了一項不同尋常的工程偉業，即建造穿越大西洋，從佛羅里達群島至基韋斯特的鐵路，這個計畫他已經籌劃多年。

實際上，所有這些事情都是在大多數人認為他已經到達事業巔峰後所做的，任何人如果處於

標準石油一號煉油廠

他當時的位置，可能都會選擇退休，坐享自己的勞動果實。

我第一次見弗萊格勒先生時他還很年輕，為克拉克－洛克菲勒公司代銷產品。這個年輕人聰明努力、積極主動、衝勁十足，給我留下了深刻的印象。當時，我們已進入石油產業，他是一名代銷商，與克拉克先生在同一棟樓裡工作。那時，克拉克先生已經接管了克拉克－洛克菲勒公司，事業蒸蒸日上。不久之後，弗萊格勒便買下了克拉克先生的股份，併購了他的公司，擴大了經營範圍。

自然而然，我們見面的機會多了起來。與生活在紐約這種地方的人相比，生活在克里夫蘭這種小地方的人相互之間的接觸更多，聯繫更加緊密。因此，我們之間的關係也從生意夥伴逐漸發展為商業友誼。隨著石油貿易的不斷發展，我們需要更多的支持和幫助。我一下子就想到了弗萊格勒先生，希望他能成為合作夥伴。於是，我誠摯地邀請他放棄委託貿易，加入石油產業。他接受了邀請，我們之間持續終生的友誼由此開始了，而且這一友誼從來沒有中斷過。這是一種基於商業合作的友誼，弗萊格勒先生曾說過，這種關係遠遠好過基於友誼的商業合作。之後我的經歷也證實了這一點。

我和這位早期的合作夥伴並肩戰鬥了許多年：我們在一個辦公室工作，住在同一條街——歐幾里得大街（Euclid Avenue）上，住家相距只有幾步。我們一起走著上班，一起走著回家吃午餐，吃完午飯後一起回辦公室，晚上下班後一起回家。在路上，沒有辦公室裡的打擾，我們一起邊走邊思考、交談、做計畫。在實踐中，所有的合約都是弗萊格勒先生起草的。在這方面，他能力超群，總是能夠清晰準確地表達合約的目的和意圖，避免出現誤解，確保對簽約雙方都公平公正。我還記得他經常說的話，在簽訂合約時，必須設身處地地用同一標準考慮雙方的權益，這就是亨利・莫里森・弗萊格勒先生的做事方式。

有一次，弗萊格勒先生連問都沒有問，毫不猶豫地接受了一份合約，令我十分吃驚。那次，我們決定買一塊地建煉油廠，當時這塊地屬於我們兩人都很熟悉的約翰・歐文。歐文先生從辦公室拾起了一個馬尼拉紙做的大信封，在背面起草了土地買賣合約。合約的條款與一般的此類合約類似，只不過有一處寫著「南面界線到毛蕊花稈處」之類的話。在我看來，這個定義有點模糊，但弗萊格勒先生說：

「好的，約翰。我同意這份合約，不過如果將毛蕊花稈處換為合適的標樁處，你會發現整份文件將準確而完整。」當然，像他說的這樣確實非常準確。我甚至想說有些律師可以拜他為師，學習起草合約，這對他們肯定有好處；但可能法律界的朋友會覺得我有失公允，所以我不會強求大家都贊同這個觀點。

弗萊格勒先生做的另一件事情也讓我十分欽佩。在公司發展的早期，他堅持煉油廠不能依照當時的慣例，建造得輕薄簡陋、不結實。當時，每個人都擔心石油會消失，花在建築上的錢會虧損，所以都用最劣質廉價的原材料建煉油廠。弗萊格勒先生反對這樣的做法。雖然他不得不承認油田可能會枯竭，石油貿易存在巨大的風險，但他始終認為既然我們選擇了這一行業，就必須充分地瞭解它，盡全力做好它；我們應該擁有最好的設施；所有設備都應該堅固結實；必須竭盡全力爭取最好的結果。他堅持建造高標準煉油廠的信念，似乎石油產業將經久不衰。他堅守信念的勇氣為公司後來的發展奠定了堅實的基礎。

今天仍在世的很多人每每回憶起當時聰明智慧、樂觀真誠的年輕的弗萊格勒先生時，無不點頭稱讚。我們在克里夫蘭收購某些煉油廠時，他表現尤為活躍。一天，他在街上偶遇一位德國老朋友，這位朋友曾是個麵包師，多年前弗萊格勒先生向他賣過麵粉。他告訴弗萊格勒先生，他已經不做麵包生意了，建了一個小煉油廠。弗萊格勒先生很驚訝，他並不贊成朋友把一小筆資金投到建小煉油廠上，覺得肯定不會成功。但開始時，他也不知道能做些什麼，因此有段時間，他一直想著這件事情，顯然，這件事情讓他煩心。最後他跑來跟我說：

「那個麵包師懂得如何烤麵包，但對於煉製石油，他知之甚少。所以我還是覺得邀請他加入我們的團隊更好一點——否則我會良心不安。」

當然我同意了。弗萊格勒把這件事情告訴了他的朋友，他的朋友表示如果我們派人去給他的工廠估價，他願意出售煉油廠。我們派人去為他估價，卻出現了一個意想不到的難題。麵包師對我們出的價格很滿意，但堅持讓弗萊格勒先生給他提點建議——他是應該收取現金，還是換取同等票面價值的標準石油公司的股票。他告訴弗萊格勒先生，如果收取現金，他便可以還清所有債務，免去許多煩惱；但如果弗萊格勒先生認為股票將會獲得不錯的分紅的話，他想試一下，能否得到長期的收益。

對弗萊格勒先生來說，這是一個相當困難的提議。開始時，他拒絕為他提建議或者表達個人的觀點，但這個德國人非常固執，非要知道弗萊格勒先生的意見。最後，弗萊格勒先生建議他收取一半現金還債，剩下的一半換購股票。他照做了，之後，他又購買了更多的股票，弗萊格勒先生永遠不用為自己的建議道歉了。我相信我的這位老合作夥伴在這件事情上花費的時間和精力，絕不亞於在處理自己的任何一件大事上花費的時間和精力，這件事情完全可以作為評價一個人為人處世的一個標準。

友誼的價值

老一代的故事可能對年輕一代沒有什麼吸引力，但它們並不是一點用處也沒有。儘管故事有些乏味，卻可以讓年輕人認識到，在生命的每個階段，朋友的價值遠超過其他所有財富的價值，沒有人能例外。

當然，朋友有很多種，不盡相同！所有朋友都應該保持聯繫。儘管朋友有親有疏，但不論哪種類型的朋友都很重要；當一個人漸漸老去時，會更深切地體會到這一點。有一種朋友，在你需要幫助時，總是有理由不提供幫助。

「我不能把錢借給你，」他說，「因為我和合作夥伴之間有協議，不能把錢借給別人。」

「我非常願意幫你，但這個時候確實不方便。」諸如此類的理由。

我並不想指責這種友誼，因為有時是性格使然，有時朋友只是心有餘而力不足。我想了想，我的朋友中這種類型的人很少，大部分的人都能夠為朋友兩肋插刀。我有一個朋友，在這方面表現特別突出，從第一次見面就對我非常信任，他就是S.V.哈克內斯（S. V. Harkness）。

有一天，一場大火將我們的石油倉庫和煉油廠在幾個小時內夷為平地——所有的一切都毀了。雖然可以向保險公司索賠幾十萬美元，但我們仍擔心索賠這麼大的數目會耗費很多時間。工廠必須馬上重建，重建資金的問題亟待解決。哈克內斯先生對我們的生意頗感興趣，於是我對他說：

「我可能需要向你借些錢。我不知道最後是不是會用得上，但還是想提前跟你打個招呼。」聽到我的話，他並沒有要求我做更多的解釋。

他向來沉默寡言，只回答道：「好的，約翰，我會盡我所能幫助你。」那天晚上，聽到這句話後，我馬上從煩惱中解脫出來，一身輕鬆地回到了家。幸好，在建築商要求付款之前，我們收到了利物浦倫敦環球保險公司的全額賠款。儘管不需要向他借錢了，但我永遠不會忘記在危難之時他給予的精神上的慷慨相助。

我遇到的此類經歷不少，而我很慶幸有許多熱心相助的朋友。創業之初，我欠了很多債。當時，生意多，公司發展迅速，需要大量的資金，銀行似乎一直慷慨地為我提供貸款。然而那場大火給我們帶來了一些新情況，我開始研究現狀，考慮我們所需的現金量。從那時起，我們總是準備足夠的現金儲備，以因應可能出現急需資金的突發情況。

就在這段時間，發生了另一件事情，再次驗證了患難見真情的道理。不過，直到多年以後，我

洛克菲勒在克里夫蘭市森林山（Forest Hills）的家

才聽說了這件事情的完整經過。

我們曾與一家銀行有大量業務往來，我的朋友斯蒂爾曼•維特先生財力雄厚，是該銀行的董事。在一次會議上，董事會把我們借款的問題提出來討論。為了不讓其他人對此項借款提出質疑，斯蒂爾曼•維特拿來了他的保險櫃，說道：

「各位，這些年輕人信譽良好，如果他們想要借更多的錢，我希望銀行能毫不猶豫地借給他們。如果你們還是不放心，想要更多的保證，就在這裡，你們可以拿走你們想要的。」

當時，為了節省運輸費用，我們通常透過水路，經湖泊和運河運輸石油。進行這些運輸需要額外的資金，為此我們需要借大量的錢。當時，我們已從另外一家銀行爭取了大量貸款，該銀行行長告訴我，董事會已經在過問我們的大量貸款及信譽，可能會約我面談。我回答道，能夠與董事會見面，我深感榮幸，因為我們需要從銀行申請更多的貸款。不用說，我們申請到了需要的貸款，但並沒有人約我面談，尋求進一步的解釋。但恐怕我對銀行、金錢和生意談論得太多了。我認為，沒有什麼比花費所有的時間，為掙錢而掙錢的人更加可恥和悲哀的了。如果年輕四十歲，我願意再次投身商界，因為與有趣、機智的人打交道是一件樂事。但我每天都有許多興趣愛好能打發時間，所以只要我活著，我就期待用一生來繼續和發展這鼓舞人心的計畫。

從十六歲投入商界到五十五歲從活躍的商業活動中退休，在這麼長的一段時間裡，我必須承認，我經常可以享受美好的休假時光，因為我有最高效的團隊、最稱職的人才幫我分擔重任。

我覺得自己是一個注重細節的人。我的第一份工作是簿記員，不管數字和事實多麼微小，我對其都極其敏感和重視。早期的工作中，任何與會計相關的工作都會分派給我。我有一種追求細節的熱情，而這正是後來我不得不去努力改善的性格特點。

在紐約的波肯提克山莊（Pocantico Hills），我有一棟舊房子，在那裡住了多年，過著簡單而平靜的生活。那裡風景如畫，引人入勝。我在那裡研究美景、樹林和哈德林河優美如畫的景色，渡過了愉快的時光。但當時我本該爭分奪秒地投身商業中，因此我擔心，在有了這樣一個開始後，我將不會再被稱作勤奮的商人了。

「勤奮的商人」這個短語讓我想起克里夫蘭一位舊識好友，他對工作可謂恪盡職守、兢兢業業。我曾與他談起我的一個特殊愛好——一些人稱之為庭園法。對我來說，是設計林中小徑之類的藝術，毫無疑問，他覺得無聊透頂，不值一提。三十五年前，這位朋友公開否定了這一愛好，認為這是浪費時間的愚蠢事情，他認為商人不應該把時間浪費在這種事情上。

一天，春意盎然，溫暖宜人，我邀請他和我共度下午時光，觀賞一下我在花園中設計並鋪設的林中小徑（在當時，對於一個商人來說，這是一個最為不同尋常和魯莽的提議）；我甚至還告訴他，我會熱情款待他。

「我來不了，約翰，」他說，「今天下午我手頭有件重要的公事要

約翰・洛克菲勒在Richford, 紐約的家

辦。」「噢，即使這樣，」我勸道，「如果你看到那些小徑的話，你會感到前所未有的快樂——兩旁的大樹和……」

「約翰，繼續談你的樹木和小徑吧。我告訴你，今天下午有條礦砂船要到，我的工廠正等著它呢。」他滿心歡喜地搓著手，「即便錯過欣賞基督教界所有的林間小徑，我也不想錯過看它開進來。」他為貝西默鋼軌合夥公司提供礦砂，每噸售價一百二十～一百三十美元，如果工廠停工一分鐘等礦砂，他便覺得正在錯過一生的機遇。正是這個人，經常遙望湖面，精神緊繃，希望看到礦砂船的影子。有一天，他的一位朋友問他是否能夠看到船。

「不能，看不到，」他不情願地承認，「但它時刻在我眼前。」

礦砂業是克里夫蘭最具誘惑的大產業。五十年前，我的老雇主從馬凱特地區以每噸四美元的價格購進礦砂；再想想數年後，這個林間小徑建造者正以每噸八十美分的價格大量購進礦砂，由此發家致富。

這是我在礦砂業發展的經歷，接下來我還會繼續講述。我想先提一下我精心研究了三十多年的愛好——園林藝術。

景觀路設計的樂趣

當我宣稱自己是個業餘造園技師時，很多人都感到驚奇，包括一些老朋友。最近需要解決的問題是，在波肯提克山莊的什麼位置建造新房子。為了防止我破壞了家中的美景，家人聘請了一位專業的造園技師。我認為我有我的優勢，那就是熟悉這裡的每一寸土地，對每一個角度的風景都瞭若指掌，所有的參天大樹都是我的朋友——我已經研究過幾百遍了。於是，在這位偉大設計師設計好方案、畫出草圖後，我問我是否也可以嘗試一下這項工作。

幾天後，我做好了規劃，道路設計的角度正好將最美的景色盡收眼底，這是那天爬山時看到的令我震驚的景觀。路的盡頭，河流、山巒、白雲和鄉村美景相映成趣，我設計了道路經過的路線，並將樁杆固定在我認為的房子的最佳位置處。

「仔細看看，」我說，「然後，判斷哪個方案更好。」這位權威人士最終接受了我的方案，認為我的規劃可以展現出最美麗的景觀，並同意了房子的選址。此時，我的自豪感溢於言表。在業餘時間裡，我不知道自己到底設計了多少的景觀道路，不過，有一點可以肯定，我經常為此殫精竭慮，思考到深夜。設計路線時，我時常去考察路況，直到天黑無法看清小標樁和標記時才回來。與大家談論景觀設計可能有點自吹自擂，不過由於我的故事大多是生意上的事情，或許談點業餘愛好會增添文章的趣味，避

洛克菲勒在紐約第54大街的家

免枯燥乏味。

我做生意的方式與同時期一些經營最有方的商人不同，這種方式讓我擁有更多的自由。即使標準石油公司的業務轉移到紐約之後，我大部分時間仍然待在克里夫蘭的家中，現在仍然如此。如果有一些場合我必須出席，我會去紐約，但大部分時間，我都是利用電報處理公司事務，留下時間致力於發展自己感興趣的事情——包括規劃景觀路、植樹、培植小樹苗。

我所經營的發展迅速的所有盈利專案中，我認為收益最豐厚的是我的小苗圃。我們保留著每一片苗圃的帳本，不久前，我驚奇地發現從威斯特郡遷移到紐澤西州雷克伍德（Lakewood）的幼苗，經過幾年的生長，已經大大升值。我們種下上千棵幼樹，尤其是常綠樹——我覺得可能已經種了上萬棵樹，可用於日後的種植計畫。

如果我們將幼樹從波肯提克山莊移植到木湖市的家裡，照市價在一個地方收購這些樹木，然後在另一個地方出售，我們是自己最好的客戶。在波肯提克山莊，買入時的價格是每株五美分或十美分，但出售給雷克伍德市的家中，其價格每株可以達到十五美分或二美元，我們可以小賺一筆。

苗圃業和其他行業一樣，大規模的投資容易顯出其優勢。多年來，種植和移植大樹的快樂和滿足感是我巨大興趣的源泉——我所指的大樹是直徑在十～二十英寸的樹，或者更粗的樹。我們購置挖掘機，與工人一起工作，如果你學會如何與這些精靈相處，你就可以自由地處置樹木，享受一種真正出人意料的快樂。

我們移植的樹很多有七十英尺或八十英尺高，也有的達到了九十英尺，當然這些都不是幼樹了。我們曾經嘗試移植過各種樹，甚至包括一些專家認為不能成功移植的樹。或許最大膽的嘗試就是移植七葉樹了。我們伐起大樹，進行遠距離運輸，有的樹甚至在開花之後被移植，每棵樹的運輸成本是二十美元，絕大部分樹都能存活。由於嘗試取得了巨大成功，我們也越來越大膽，嘗試移植不合季節的植物，經過實踐後，取得了令人滿意的成效。

我們嘗試對不同類型的數百棵應季及不應季的植物進行移植，包括我們剛開始學習這一技藝時在內，總的損失控制在一〇％以內，可能更接近六％或七％。單季中樹木移植的失敗率大概是三％。我得承認，對於一些大樹來說，生長可能會延遲兩年；但這是小問題，因為青春已逝的人們希望立刻獲得他們想要的效果，而現代的挖樹機可以幫他們實現夢想。我們曾將大叢的雲杉分類、排列，以達到我們想要的目的。

有時，甚至用雲杉覆蓋一整片山坡。橡樹在較小時可以成功移植，長大之後便無法移植存活；橡樹和山胡桃樹在接近成熟時，我們也不對其移植；但我們曾經成功移植了椴樹，甚至毫髮無傷地連續移植了三次。移植樺樹有點棘手，但除西洋杉之外，常綠樹幾乎都可以移植成功。

我對園林規劃的熱情由來已久。

我仍然記得，小時候我想砍掉餐廳窗外的一棵大樹，因為我覺得它擋住了窗外的美景。對於我的這個想法，家裡有人反對，但我認為親愛的母親會贊同我的決定，因為有一天她說：「孩子，我們八點吃早餐，如果在這之前樹已經倒了，大家看到曾經被大樹擋住的美景就不會抱怨了。」

於是我便這樣做了。

第二章

獲取財富是困難的技藝

家庭教育

我非常感激我的父親，因為他教會了我許多實踐的方法和實用的技能。他經營過多家不同的公司；以前他時常跟我講起工作上的事情，並向我解釋每件事情的意義；他教給我做生意的原則和方法。很小的時候，我就有了一本小本子，記錄我的收支情況，以及定期捐出的小數額款項。我至今還保留著它，把它叫作「記帳本A」。

一般來說，中等收入者的家庭生活更加和諧，不像富有的人家，什麼事情都可以由僕人代勞。我覺得自己非常幸運，出生在中等收入的家庭中。七、八歲時，我在媽媽的支持下，開始了首次創業，做成了第一筆生意。我養了一群火雞，媽媽給我一些牛奶的凝乳餵養牠們。我細心地照料著牠們，養大後把牠們賣掉。我的記帳本中全都是利潤，因為沒有什麼需要支出的，我一絲不苟地記錄著每一次收入。

我非常享受這種小營生。直到今天，閉上眼睛，我仍可以清晰地看到那群優雅而高貴的火雞，沿著小溪靜靜地踱步，穿過叢林，小心翼翼地溜回自己的窩。如今，我仍很喜歡看一群群火雞，從來不錯過任何研究牠們的機會。

母親對我們的管教十分嚴厲，一旦我們出現了不學好的徵兆，她便用樺樹條鞭打我們。有一次，由於我在學校惹禍，被媽媽打了一頓。打完之後，我才有機會解釋，我覺得自己很無辜。

「不要緊，」媽媽說，「這次打都打了，下次再犯錯就不打你了。」在很多情況下，媽媽都是這種態度。我記得，儘管大人嚴格禁止我們晚上溜冰，但有一天晚上，

約翰・洛克菲勒的父親威廉・洛克菲勒

我們幾個男孩子實在忍不住，還是跑出去了。還沒有開始溜冰，我們就聽到了求救聲，接著發現一個鄰居踩碎了冰，掉到了水裡，隨時可能被淹死。我們找了一根長杆，伸到水中，成功地將他救出來。他的家人對我們感激萬分。雖然並不是每一次溜冰都會救人一命，但我和兄弟威廉都覺得，儘管我們不聽大人的話，但畢竟做了好事，救人一命，所以可以減輕對自己的責罰。但實踐證明，我們的想法是錯誤的。

紐約曼哈頓第五大道洛克菲勒大廈

開始工作

十六歲時，我即將完成中學的課程，家人原本計畫送我去讀大學，但後來還是覺得最好先讓我去克里夫蘭的商業學校學習幾個月。學校裡教授簿記和一些商業貿易的基本原則。這些訓練雖然只持續了幾個月，但讓我獲益匪淺，是我人生的珍貴財富。但是如何找到工作——這是個問題。幾週以來，我走遍大街小巷，費盡口舌，詢問商人和店主是否需要僱人，但我的自薦均以失敗而告終。沒有人願意僱用一個小孩，甚至沒有什麼耐心跟我談論這個話題。終於，克里夫蘭碼頭有一個人告訴我，吃完午飯去他那裡。我欣喜若狂，看來我總算可以開始工作了。

我焦慮萬分，生怕失去這個好不容易爭取到的機會。終於，約定的時間到了，我來到未來雇主那裡，進行了自我介紹。

「我們將提供給你一個機會。」他說，卻連提都沒有提薪酬的問題。這一天是一八五五年九月二十六日，我興沖沖地到赫維特－塔特爾公司上班了。

開始做的那些工作，我有一些優勢。我前面說過，父親對我進行的培訓很實用，商業學校的課程也教會了我做生意的基本知識，因此，我還算擁有一定的工作基礎。同時，我運氣很好，在一位優秀簿記員的指導下工作，受益匪淺。這位前輩嚴格自律，兢兢業業，而且願意指導我，讓我很快成長起來。

轉眼到了一八五六年一月，塔特爾先生給了我五十美元作為三個月的工錢。毫無疑問，這是我應得的報酬，總體來說，這份報酬讓我十分滿意。

第二年，我仍然做原來的工作，學習各方面業務及與公司業務相關的文書工作，此時，我的月薪是二十五美元。公司的主要業務是代理農產品批發和運輸，我所在的部門負責行政事宜。我的上司是公司的總簿記員，加上作為公司股東所獲得的分紅，他的年薪達到了二千美元。第一個財政年度結束時，他離開了公司，我接任了文書和簿記工作，此時，我的年薪是五百美元。

回首這段學徒生涯，我感觸頗多，這段生活對我後來的事業發展產生了極其重要的影響。

首先，我的工作都在公司的辦公室裡完成。他們討論公司事務，制訂工作計畫和作出經營決策時，我也一直在現場。因此，比起同齡的孩子，我擁有更多的優勢。那些孩子可能比我反應更快，計算和寫作也比我好，但卻沒有我這麼好的機遇。公司經營範圍廣，業務多，因此，我所受的鍛鍊及學習到的東西也非常多。公司旗下有住宅區、倉庫、辦公樓等，出租做辦公室或其他用途，我負責收租金。公司透過鐵路、運河和湖泊運輸貨物，經常需要進行各種各樣的談判和交易，我也一直積極地參與到這些工作中。

和當前許多大公司的上班族相比，我當時負責的工作要有趣得多。我全心地投入到工作事務中，享受著工作帶給我的快樂。漸漸地，查帳的工作也由我負責，所有帳單都須先經過我的手。我認真地履行著自己的職責。

記得有一天，在鄰居的公司裡，我正好遇到了當地的一位水管工人拿著一疊帳單來收帳。這位鄰居業務繁忙，我總覺得他旗下的公司多不勝數。他只瞥了一眼那些令人厭煩的帳單，就對簿記員說：「把錢付了吧。」

我們公司也聘用這位水管工人，每次收帳時，我都認真地檢查帳單，仔細核對每一項收費，每一分錢都不放過，儘量替公司節省下來，絕不會像我的鄰居那樣簡單了事。毫無疑問，今天許多年輕人也和我抱持相同的觀點，那就是檢查帳單這行為體現的是一種執行能力，可以避免讓老闆的錢流進別人的口袋。因此，必須認真負責，比花自己的錢還要小心謹慎。我篤定，那種簡單隨意的做事方式，肯定不會取得生意上的成功。

遞送帳單、收租金、處理索賠之類的工作，使我有機會接觸到各式各樣的人。因此，我必須學會怎樣和不同階層的人打交道，並使其與公司保持良好的關係。談判的技巧非常重要，我施展渾身解數，儘量爭取圓滿的結果。

例如，我們經常從佛蒙特州向克里夫蘭運送大理石，此類運輸會涉及鐵路、運河和湖泊運輸。運輸過程中出現的貨損貨差，須由三方承運人共同承擔，而三方承擔的責任大小是事先約定好的。對於一個十七歲的男孩來說，如何處理好這個問題，讓包括老闆在內的相關各方滿意，確實需要費一番腦力。但我覺得這沒有什麼難的，在我的印象中，我從來沒有和承運人有過任何糾紛。

十七歲，是一個易受外界影響的年齡，在這個年齡裡，處理所有這些事務，而且遇到緊急情況能夠得到前輩的指教——這些經歷對我來說彌足珍貴。這是我學習談判原則邁出的第一步，後面我會再談到這一點。

盡心盡責地工作，並從中得到鍛鍊，我覺得獲益匪淺。

我估計，當時我的薪水遠不及今天同等職位的人薪水的一半。第二年，我的年薪為七百美元，但我覺得自己應該得到八百美元。到四月時，我和公司沒有就這個問題達成一致，再加上正好有一個自己做相同生意的好機會，於是，我便辭職了。

當時，克里夫蘭城鎮中的每個人幾乎都彼此認識。有一個年輕的英國商人，叫M.B.克拉克（M. B. Clark），可能比我大十歲，他想開一家公司，尋找合夥人。他有二千美元的資金，希望合夥人也能提供相同的資金。這對我來說是個好機會，我已經存了七、八百美元，關鍵是如何湊足剩下的錢。

我和父親談了這件事情，他告訴我他本來打算等每個孩子滿二十一歲時都給一千美元。他說，如果我想現在拿錢的話，他可以預支給我，但是在滿二十一歲前，我必須向他支付利息。

「但是，約翰，」他補充道，「利率是一〇%。」

當時，類似此類貸款，一〇%的年利率是很常見的。銀行的利率或許不會這麼高，但金融機構當然不可能滿足一切需求，所以可以以高利率貸款給私人。因為急需這筆錢入夥，我欣然接受了父親的要價，拿到了錢，也成為新公司的新合夥人。新成立的公司叫克拉克－洛克菲勒公司。

自己當老闆令我心滿意足，我內心充滿了自豪——我是一家擁有四千美元資金的公司的合夥人！克拉克先生負責採購和銷售，我則負責融資和記帳。我們主要經營貨物運輸，生意很快做大，自然也就需要越來越多的資金來拓展業務。除了從銀行貸款外，沒有什麼更好的辦法，問題是，銀行會借給我們嗎？

第一筆貸款

我去找一位相識的銀行行長。我清楚地記得當時我多麼渴望得到那筆借款，與這位銀行家建立起良好的合作關係。這位紳士是一位友好溫和的老先生，叫T. P. 漢迪（T. P. Handy），性格出了名的好。五十年來，他一直致力於幫助年輕人。我在克里夫蘭上學時，他就認識我了。我坦誠地向他介紹了公司的所有情況和公司的業務內容，以及我們將把錢用在何處等等。之後，我誠惶誠恐而又滿懷期待地等待他的答覆。

「你需要多少錢？」他問。

「二千美元。」

「好的，洛克菲勒先生，我們借給你，」他回答道，「只需要把你們的倉庫收據給我就行了。這就足夠了。」

離開銀行時，我簡直欣喜若狂。我高昂著頭——想一想，銀行借給我二千美元！我覺得現在自己是圈子裡舉足輕重的人物了。

後來，這位銀行行長成為我多年的好友，當我需要資金時，他便貸款給我，而我幾乎無時無刻都需要資金，需要他所有的資金。後來，出於感激，我去找他，建議他買一些標準石油公司的股票進行投資。他表示也想買，但當時手頭沒有閒錢，於是我借給他錢。最後，他收回了本金，並獲得了豐厚的收益。這麼多年來，他一直對我這麼友好和信任，讓我倍感榮幸。

恪守經營原則

漢迪先生之所以信任我，是因為他相信我們會採取保守、適當的經營策略來管理我們的新公司。我清楚地記得，在當時，堅守自己認為正確的商業原則是多麼難的一件事情。事情的經過是這樣的，那時公司剛成立沒多久，我們最重要的客戶——也就是貨運量最多的客戶——提出要求，希望在拿到提貨單前，我們能夠提前把貨給他。當然，我們儘可能希望滿足這個客戶的要求。但作為公司的財務人員，儘管擔心失去這個客戶，我仍然拒絕了這一請求。

事情看似非同小可，我的合夥人也對於我的不妥協很不耐煩。面對這種尷尬的狀況，我決定親自去拜訪這位客戶，看看能不能說服他。與別人面對面接觸時，我總能幸運地贏得他們的友誼，再加上合夥人的不滿情緒，這些都激勵著我背水一戰。我覺得，和這位先生見面後，我能夠讓他明白，他的提議將會樹立一個不好的範例。經過反覆思考，我覺得自己的理由（我自己認為）充分，邏輯性強，能夠令人信服。見到他後，我向他陳述了所有精心設計的論據。沒想到他勃然大怒，絲毫不理會我的言辭，最後我不得不羞愧地向合夥人承認自己失敗了。顯然，我一無所獲。

毋庸置疑，我的合夥人很擔心失去最重要的客戶，但是我堅持認為，我們必須恪守原則，不能答應貨主提出的無理要求。不過，事情並沒有想像中那麼糟糕，我們吃驚地發現他繼續和我們保持業務合作，彷彿什麼事也沒有發生過，也再沒提起過提前收貨的事情，這讓我們十分感動。後來我才得知，諾瓦克一位名為約翰・加德納的地方銀行家，與我們的這位客戶交往甚密，一直密切關注著這件小事。直到今天，我仍認為是加德納建議我們的客戶用這種方法考驗我們，看看我們是否會違反自己宣稱的商業原則。而這個有關公司堅守商業原則的故事為我們帶來了許多商機。

差不多就在那時期，我開始走出去拓展業務——我以前從來沒有嘗試過那項工作。我幾乎拜訪了附近所有與我們所從事的業務相關的人，也走遍了俄亥俄州和印第安那州。我認定拓展業務最好的方法是先簡單介紹我們的公司，而不急於推銷我們的貨運服務。我告訴他們，我是克拉克－洛克菲勒公司的代表，是經銷商；我並不想干擾他們當前的業務聯繫，但如果有機會的話，我們將非常願意為他們提供服務……等等。

令我吃驚的是，生意很快便上門，我們簡直有點應付不過來了。公司成立的第一年，我們的銷售額便達到了五十萬美元。

然後，事實上在之後的很多年，我們不斷地需要資金來營運和拓展業務。儘管取得了一些成功，但每天晚上睡覺之前，我都會理智地對自己說：

「現在只是小小的成功，不久你就會失敗，不久你就會跌倒。只是開了個好頭，你就以為自己是多麼了不起的商人了嗎？當心，不要昏了頭——慢慢來。」這些內心的思想鬥爭對我產生了深刻的影響。我擔心自己不能守住事業上的成功，因此不斷告訴自己，不要得意忘形。

我向父親借了許多錢，這種金錢關係對我產生很大的壓力。在當時，並不像現在回過頭看這般輕鬆幽默。有時候，他會來找我，跟我說如果生意上需要錢，他可以借一些給我。我一直需要資金，所以即便是要付一〇%的利息，我仍然對父親的慷慨感激不盡。不過，在我最需要錢的時候，他總會跟我說：

「兒子，我現在需要用那些錢。」

「當然沒問題，我馬上還給你。」我會這麼說。但我知道他只是在考驗我，待我把錢還給他之後，他會暫時把錢收起來，之後又再借給我。我承認這點小小的壓力對我有好處，但實際上我非常不喜歡他用這種方式考驗我的經濟能力，看我是否能承受住此類的打擊，不過我也從來沒有把這一想法告訴他。

一〇%的利率

向父親借錢的這段經歷讓我想起了早年，人們經常討論借款利率應為多少的問題。很多人都反對一〇%的利率，他們認為只有喪盡天良的人才會收這麼高的利率，這簡直是一種無恥的行徑。但我通常認為，如果能夠得到更高的收益，這麼高的利率也物有所值——如果借款不能獲得更高收益，人們是不會支付一〇%、五%或者八%利率的。當時，我一直是借錢方，只要必須借錢，我就從來不會質疑利率的高低。

我曾多次與別人討論這個問題，其中與親愛的房東太太的討論最為熱烈持久，給我留下了深刻的印象。我和威廉離家上學時寄宿在她家。我非常喜歡和她談話，她是個能幹的女人，非常健談。每週只收一塊錢的食宿費，卻無微不至地照顧著我們，我自然成了她的朋友。當時，在小鎮裡，食宿費基本上是這個價錢，因為所有食材大都是自給自足。

這位可敬的女士強烈反對放高利貸者，我們經常熱烈地探討這個話題。她知道我經常向父親借錢，也知道我父親向我收取一〇％的利率。但所有的討論都不會改變利率，利率只有在現金供給富足時才會下降。

我發現，既定的經濟理論很難一下子改變公眾對於商業問題的既有觀點，只能潛移默化地逐漸產生影響——匆忙制定的法律、法規並不能改善公眾的認知。

現在人們幾乎很難想像，當時為企業籌集資金是一件多麼困難的事情。在西部一些偏遠的鄉村，利率甚至更高，這些貸款通常適用於可能會有經營風險的個人貸款。對於年輕的商人來說，現在的商業環境已經與過去大不相同了。

反應迅速的借款人

說起向銀行借錢，我想起了最困難的一次貸款經歷。當時，我們購買一家大型的公司，不得不籌措幾十萬美元，且必須是現金，不能用證券代替。中午時分，我得知了這個消息，然後要乘三點的火車前往交易。我從一家銀行奔向另一家銀行，和每個行長或出納員溝通，先見到誰就和誰談，希望他們儘可能在三點前為我準備好能籌集到的所有現金，我稍後就來取。我拜訪了這個城市的所有銀行，又兜一圈到各家銀行取錢。就這樣，我籌集到了所需資金，趕上了三點的火車，完成了這次交易。在早年的那些日子裡，我是一個永不停息的旅行者，每天忙著視察工廠，開發新客戶，拜訪老朋友，制訂拓展業務的計畫——所有這些工作都需要高效地完成。

募集教會資金

十七、八歲時，我當選為教堂的理事。這是一個教會的分會，我經常聽到母教會的教友對我們的教會評頭論足，好像我們辦得沒有母教會好。這讓我們下定決心努力工作，讓他們看看我們能憑自己的力量把分會辦好。

我們的第一個教堂不是很大，卻有二千美元的抵押借款，多年來，這件事對分會產生了不利的影響。

債權人一直要求教會還款，但看上去連利息都付不出來。終於，債主威脅說要把教堂賣掉。碰巧，這位債主是教會的理事，儘管如此，這位債主仍然執意要回他的錢，或許他真的急需這筆錢。不管怎樣，他提出如有必要，就要賣掉教堂，拿回他的錢。這件事情是如何處理的呢？一個週日上午，牧師在講壇上宣佈，我們要向教友們籌募這二千美元，否則我們將失去教堂。於是，我便站在教堂門口，向前來做禮拜的教友募集資金。

每個人經過時，我便上前攔住，勸說他捐點錢，幫助教堂還清債務，度過難關。我情真意切，極力勸說，差一點就要威脅人家了。有人答應捐款後，我就把名字和捐贈金額記在我的小本子上，接著再向下一個潛在的捐贈者募集。

這次募集資金的活動始於做禮拜的那個早上，一直持續了幾個月。捐贈金額一般都很少，有的只捐幾美分，慷慨一點的人承諾每個星期捐

從洛克菲勒中心鳥瞰紐約全景

二十五美分或五十美分。要透過幾美分的捐贈，來籌集到二千美元的善款，確實是一項重大的工程。這個計畫十分吸引我，因此我全力以赴地工作著。正是我全心投入的這件事情及其他類似的事業，第一次燃起了我賺錢的欲望。

儘管困難重重，我們最終還是籌集到了二千美元，還清了債務。那是令我們自豪的一天。我希望看到我們超出預期的表現，會令母教會的人為以前的表現感到羞愧。但現在回想起來，我並不記得他們對我們表現出來的快樂有多吃驚。

那時籌募資金的經歷非常有趣，對這項任務，我感到非常自豪，並不覺得有什麼可恥，而且繼續做著類似的事情。不過後來，我身上的擔子越來越重，要處理的事務越來越多，我不得不把這些具體的工作交給別人來做。

第三章

標準石油公司

無懼流言蜚語

一個人員眾多的組織中，如果沒有一兩個行事獨特、飽受批評的人，那會是一件非常奇怪的事情。即便在相對小一點的組織中，也難免有對個人發展和公司進步過度熱心的人，僅從這少數人的行為來判斷一個大組織機構所有成員的性格特點，或者是整個組織的文化，顯然會有失公允。

有人說我強迫石油界的人和我聯合，成為我的合夥人。我還不至於如此目光短淺。如果真如他們所說，我使用這種伎倆，這些人還會成為我終生的合作夥伴嗎？他們還會甘願接受在這個大托拉斯中的職位，並長年留守在公司嗎？最後，如果他們如此軟弱可欺，我們這些年來怎麼可能形成這樣一個強大而和諧的團隊？彼此間怎麼可能公平處事，怎麼形成高效、團結的氛圍？這個強大的團隊不僅得以延續，而且越來越高效。十四年來，我不再參與公司的經營，在最近大約八年或者十年的時間中，我只去了一次公司的辦公室。

一九〇七年夏天，我再次來到了標準石油公司辦公樓頂層的房間，這是多年來公司的高級職員和部門經理共進午餐的地方。我驚奇地發現，我上次來時還是小職員的人，很多已經升職成為公司的中堅力量。之後，我與許多老朋友、新同事進行了交談，發現那種合作與融洽的氛圍依舊沒有改變，這讓我備受鼓舞。一百多人親密無間地坐在長桌子旁共進午餐是我提倡的另一項措施，乍一想也許微不足道，但如果這些人是被迫建立了這種聯繫，他們還會在日後不斷地尋求彼此間的友誼嗎？那種情況下，人們不可能長期保持友好關係。

多年來，標準石油公司穩步發展，我確信，隨著企業的效率提高，成本降低，石油產品的價格大大降低，人們會享受到越來越好的服務。標準石油公司的服務逐漸擴展，最先覆蓋了大的中心城市，之後延伸至城鎮，現在進入了各個角落，遍及每家每戶，石油被送到了每個用戶手中，為他們帶來了便利。緊接著，標準石油的服務延伸到世界各地。例如，公司擁有三千輛油罐車，將美國石油輸送到歐洲的城鎮鄉村。同樣，標準石油公司也用類似的方法向日本、中國、印度以及其他一些主要國家運送石油。你是不是也覺得正是經由我們的辛勤勞作，石油貿易才得到了如此巨大的發展？

直接向消費者銷售產品的策略，以及公司的飛速發展引起了某種對立情緒，我認為這種情況不可避免。不過，據我所知，直銷產品的做法後來被其他許多行業仿效，並沒有遭到強烈的反對。

這種現象很有趣，也很重要。我經常思考，是不是因為我們即便不是第一個，至少也是最早大規模採用產品直銷模式的公司之一，以致於批評的矛頭就對準了我們。在產品銷售過程中，我們始終本著公平的原則，充分考慮每個人的權益。我們並不是無情地搶佔競爭對手的市場，利用壓低價格或利用間諜系統去打擊對手，將其逼入絕境。我們只是設定了目標，以求最快速、最廣泛地擴大石油的銷售量。下面我儘量為大家解釋一下具體的情況。

為了充分利用我們建造的工業設施，我們盡全力開拓各個地方的市場——我們需要擴大銷售量。為了達到這個目的，我們必須調整已有的銷售方法，創立新銷售管道；我們必須賣出比以前多一倍、兩倍或三倍的石油，僅依靠傳統的銷售管道根本不可能完成這個任務。我們從來沒有故意干擾其他石油商人已有領地的業務，但如果透過努力發現了新的商機，或新的銷售區域，我們也會不遺餘力地去爭取。藉由這種方式，我們開發了很多其他人也在經營的業務。隨著公司的發展，我們不斷需要新人加盟，特別是一些管理職務的職位。當然，聘用高階管理人員最好的方法，就是從公司內部的年輕員工中選拔；但由於公司發展太快，內部供應遠遠不足，只能從外部招聘。一些新招聘的員工不熟悉企業文化，只是熱衷於追求銷售額，出現這種情況不足為奇，但他們的行為完全違背了公司的經營理念與價值觀。當然，我確信，在公司眾多的業務往來中，這種情況只是滄海一粟，但他們確實背離了前面提到的經過驗證的商業原則。

多年來，標準石油公司每週便為這個國家創造一百多萬美元的財富，全部是來自於美國人民辛勤勞動生產的產品。我為這一記錄感到自豪，我相信，當人們瞭解了更多的情況後，大部分美國人也會為此感到自豪。推進這一大量對外貿易的發展，以最經濟的方式批量運輸石油的船舶，派遣員工到世界市場征戰，完成這些浩大的工作需要大量資金。除了今天的標準石油公司，任何其他的組織都不可能籌集或掌控如此龐大的資金。

要想瞭解早期情況的真實場景，必須瞭解當時的背景。當時，石油產業被看作最危險的行業，有點類似於今天受眾人熱議的帶有投機性的採礦業。我有一位受人尊敬的老友湯瑪斯·W.阿米特吉（Thomas W.Armitage），四十年來他一直在紐約的一個大教堂擔任牧師。我清楚地記得，他曾告誡我，擴建工廠和擴張經營規模是一個愚蠢至極的決定。他確信我們正冒著前所未有的巨大風險，因為石油供應可能隨時會枯竭，需求將會下降。他和許多人，有時候我甚至覺得是所有人，都預言我們的公司將一敗塗地，以破產而告終。

我們沒有人想到公司之後會不斷發展，取得巨大的成功。每天，我們做好當天的工作，解決當天的問題，展望不遠的將來，設定近期的目標，把握好機遇，打好堅實的基礎。正如我一直說的，獲取資金仍然是最難解決的問題，因為保守的投資者對這一冒險行業不太感興趣。儘管資產豐厚的人偶爾也會在一定程度上給我提供支持，但他們仍然不敢涉足這一行業。有時，他們也會購買一些我們的股票，做一些嘗試，但我們清楚地認識到，他們總會拿出各種託辭，拒絕購買新增資股票。

這是一個新興的行業，因此公司的成功時常受到一些股東的懷疑，於是我們不得不經常清算存貨，以維持營運。但我們對公司的基本價值充滿信心，所以願意承擔風險。總有這樣一些人，為了心中的信念孤注一擲。如果公司失敗了，他們就有理由被稱為不切實際的冒險家。

公司六萬名員工年復一年地忙碌著。去年（一九〇八年）經濟不景氣，但標準石油公司仍然能夠繼續實施之前的計畫，沒有因為資金短缺或擔心經濟下滑而拖延新工廠和新樓房建設的工期。它給員工支付較高的薪酬，提供完善的醫療保險和養老制度。標準石油公司從來沒有發生過大規模的罷工。一個企業，無論境況如何，都必須為員工提供更好的薪酬，保障其福利，我想沒有比這更好的企業管理方法了。

另外值得一提的是，我們這隻所謂的「章魚」[注]在資金方面沒有任何「水分」（可能是因為我們覺得水是無法融入油中的）；在這些年裡，標準石油公司也沒有積欠任何債務。公司儘管在大火中遭受了損失，但從來不在公眾的債券和股票上做手腳，將損失轉嫁給公眾；我們從未透過包銷銀團出售股票，或者採取任何形式的股票出售策略，而且只要需要，我們都會設法資助新油田的開發。

人們經常說標準石油公司擠垮了其他競爭者，只有無知的人才會作出這種判斷。企業總是面臨著成百上千的競爭者，過去、現在、將來都是如此。只有經營有方，降低成本，保持旺盛的活力，企業才能生存下來。簡單說一下競爭吧。不但要想想那些在煉油業中競爭的人，還要留意在其他各個不同行業中，製造和出售石油副產品的企業之間的競爭，可能更激烈的競爭當屬國外市場的競爭了。標準石油公司一直在與俄國大油田生產的石油產品競爭，搶佔歐洲市場，還要與佔有印度市場的緬甸石油抗衡。在這些國家中，我們面臨著重重困難，如故意抬高關稅、地域歧視及奇怪的風俗習慣等。在世界上最偏遠的地方，我們用駱駝運輸石油，或者利用人工搬運；我們不斷調整策略，以適應不同人群的各種需求。每次我們在國外市場取得成功，就意味著財富輸入我們的國家了；我們失敗了，則意味著給我們的國家和人民帶來了損失。

位於華盛頓的美國國務院是我們最大的支持者，為我們提供了很大的幫助。我們的大使、公使和領事協助我們開發海外市場，把產品推向世界的各個角落。

十四年前，我退出商界，這段時間裡，標準石油公司發展迅速，實現了許多宏圖偉業。因此，今天我可以如此坦誠而激動地談論這一切。

標準石油公司向頂點超越的道路並不是一帆風順的，它的成功也不屬於哪一個人，而是屬於一個齊心協力的卓越團隊。如果公司的管理層放鬆要求，降低對產品品質的要求，或者不懂得善待客戶，他們的事業怎麼能持續這麼長時間？任何企業都是如此。看到一些有關標準石油公司的報導，人們可能覺得在石油托拉斯中，管理人員什麼都不用幹，只需要聚在一起分紅就可以了，其實不然。我很高興有機會向這些辛勤工作的同事致敬，他們不僅為公司服務，而且為國家的對外貿易做出了卓越的貢獻，因為公司超過一半的產品都銷往國外。如果公司不是由他們管理，而是被不專業的人掌控，我會不惜一切賣掉自己的股份。企業要想取得成功，必須擁有最優秀、最忠誠的管理人員，最優秀的人才自然會到達高層的位置。下面我會談一下標準石油公司的起源和早期規劃。

注：當時許多專門揭人隱私的文人，將托拉斯企業標準石油公司稱為「章魚」。

現代企業

毋庸置疑，企業集團至今仍受到公眾的質疑。一般情況下，這種質疑情有可原，因為就像人有善良與邪惡之分一樣，公司也有正邪之分；但不能因為其中一些劣跡斑斑，就譴責所有的公司，甚至懷疑所有的公司。如今企業集團的形式和特徵保留了下來——這說明它有存在的價值，並不是一無是處。甚至一些小公司也在向企業集團的方向發展，因為這是一種合適便捷的合作企業的形式。

實踐證明，資金的聯合是一種必然的趨勢，會不斷發展，只要企業集團及類似的公司經營得當，維護其他人應有的利益，就不會產生一點危險，完全不必驚恐不已。在重大事務上依靠個人的力量單槍匹馬求生存的時代已經一去不復返了——你可能會主張我們應該拋棄先進高效的機器設備，回到手工勞作的時代——但經過研究和嘗試後，頭腦清醒的人會接受這一現實，我們不可能再退回到過去了。大企業集團的股東數量正在以前所未有的速度迅猛增長，只要看看這一點，你就知道形勢的發展是不可逆轉的。這意味著所有這些人正在成為企業集團的合夥人。這是一個好現象——企業集團的管理者會因此而產生更強烈的責任感，而這也促使擁有股份的人譴責或攻擊公司之前，公正地研究事實，從而得出客觀的答案。

我時常就工業聯合的問題表達自己的觀點，我從來沒有改變也不憚於重申我的立場，特別是現在——這個問題再次進入公眾視線的時候。

工業聯合的主要優勢在於人員的合作和資金的集中。一個人做不了的事情，兩個人合作就可以完成。如果你能夠接受這個觀點，即小範圍的合作或者類似的產業聯合是必要的，那麼實際上你就承認了這種聯合是一種必然的趨勢。對於小企業來說，兩個合夥人足矣；但如果企業不斷發展，便需要吸納更多的加盟者和更豐富的資金來源。當企業發展到一定程度，合作關係無法完成經營目標時，企業集團便應運而生。在大部分國家裡，比如英國，工業聯合得到了充分發展，但在美國卻不是如此。聯邦政府的制度將每個州的企業隔離開來，商人們只能分開處理不同州的業務，一家企業不能在各個州開設分支機構，而只能在各個州分別開設新的公司。如果今天的美國人已經不再滿足於留守國內市場，開始向海外擴展市場，那麼在這些國家組建企業集團不僅大有益處，而且也極其必要。因為就像我們國家的人一樣，歐洲人也對外國企業抱有偏見。於是同一個行業的不同企業便聯合起來，成立股份制公司。

現在才討論工業聯合的優勢已經太晚了，它們已成為一種必然。如果美國人想將自己的事業擴展到聯邦各州，並且進軍國際市場，就必須大規模地進行工業聯合，建立起集團公司。

企業集團的危險在於，產業聯合所形成的力量可能會被濫用，企業集團成立的目的有可能只是投機股票，而不是業務經營。如果是為了這一目的，價格可能不會下降，反而會暫時抬高。可能大大小小的企業集團中都或多或少地存在著對權力的濫用，但不能因為這個原因就反對企業聯合，就好像我們不能因為蒸汽機可能會爆炸就拒絕使用它。蒸汽動力必不可少，也可以製造得更加安全。企業聯合也是必須的，可以想辦法控制對其能量的濫用；否則就要怪我們的立法者無能，無法促成工業上最重要的變革。

一八九九年，在工業委員會的聽證會上，我曾建議制定工業聯合方面的法律法規：首先，如果可能的話，建立起規範企業集團建立和管理的聯邦法律；其次，各州的法律儘可能統一，鼓勵人才和資金的聯合，以推動工業發展，但允許政府監管，扶植工業發展，且要預防並阻止蒙蔽公眾。今天，我仍然堅持一八九九年時的看法。

新機遇

我絕不相信企業聯合會對個人造成不利的影響。我們正在進入經濟上的黃金時代，這一時代將給未來的年輕人提供無數寶貴的機會。我們經常聽年輕一代抱怨他們擁有的機會不如父輩和祖輩那麼多。他們對我們這輩人所遭遇的困境知道得太少了！在我年輕時，我們擁有所有未開發的資源，卻不知如何去開發；我們必須披荊斬棘，探索前進的道路；我們沒有前人的經驗可以借鑑。資金是最棘手的問題，當時人們還不瞭解信貸。現在，我們擁有了整套完善的商業信用體系，但當時所有事情都充滿了偶然性。我們還經歷了慘重的戰爭，以及隨之而來的重重災難。

和當時比起來，今天的環境要優越一千倍，機遇也增加了上千倍。我們國家土地上的資源正在開發，幾乎沒有未開發的疆域；我們的國內市場巨大，而且也正開始開拓國外市場，為其他文明程度落後於我們的人提供服務。

在東方，二五%的人種剛剛開始覺醒。當代的年輕人繼承了父輩的遺產，相比之下，他們父輩的生活顯得貧困交加。儘管我是一個樂觀主義者，但對於美國未來將取得怎樣的成功，我持保留態度。

在所有這些優勢條件下，要獲得最大的收益，我們還需要做很多事情，其中最重要的是在全世界建立起美國的信譽。

我希望美國的大公司讓外國資本感覺美國公司的股票值得擁有，從而吸收更多的資金；希望美國人能夠恪守誠信的原則，友善地對待國外投資者，讓他們不會後悔購買我們的證券。

坦率地說，我是多家美國企業的投資者，但不是管理者（只有一家企業例外，不過這家企業的分紅並不多）。像所有的股東一樣，我完全依賴於公司的誠信和高效的管理。我堅定而真誠地相信，這些資金會得到很好的管理。

美國商人

很多持悲觀論調的人都會說美國商人貪婪成性，聽到這些話，你可能會認為我們是這個國家的守財奴。過分看重報紙上關於商人貪婪的報導是愚蠢的，因為報紙的功能就是報導不同尋常，甚至是駭人聽聞的事情。一個人按部就班地生活，就不會成為報紙的噱頭；只有發生了一些不同尋常的事情時，他才會被人們津津樂道。儘管商人偶爾會成為公眾的焦點，但你絕不能說這些偶發事件代表了他正常的生活。這些思想活躍的人工作的目的並不只是為了賺錢——這一行業有著極大的吸引力，他們完全沉迷其中。他們的工作熱情不只是源於累積財富，我曾說過，商業標準不斷提高，業務水準也需要不斷完善，這才是他們工作的內在動力。

有人認為，在我國，所有的判斷都建立在金錢之上——金錢至上。我不同意這個觀點。如果真是這樣，我們應該是一個守財奴的民族。我也不會承認我們是一群心胸狹隘的人，只會妒忌別人的成功。事實恰好相反：我們是最雄心勃勃的人，一個人的成功會成為其他人前進的動力。將我們說得如此狹隘完全是一種譭謗。

在報紙上看到太多關於金錢至上的文章，我想我們需要一些像我的愛爾蘭鄰居那樣的幽默感。他建了一棟房子，從窗戶望去，顏色十分刺眼，我們覺得這個房子難看極了。我在建築上的品味和這位愛爾蘭朋友截然不同，於是我們決定在我們的房子後面移植一些大樹，遮擋一下視線。另一位鄰居看到這個情景，問愛爾蘭鄰居福利先生（Mr. Foley），為什麼洛克菲勒先生移植這些大樹擋在房子中間。福利馬上用愛爾蘭式的幽默回答他：「因為他妒忌我，他無法忍受整天看著我漂亮的房子。」

我事業剛起步的那段日子裡，人們做事情的方式可能與現在沒有什麼不同。為了促進事業共同發展，人們需要做出許多努力，幾乎所有人都認為自己的情況與眾不同。對於所有已經做出或者即將做出的愚蠢決定，所做出的所有不專業的商業計畫，他都會辯稱這是他事業發展所必不可少的一部分。他不得不以低出成本價的價格出售商品，擾亂行業中其他人的商業計畫，因為他是如此的「與眾不同」。即便等到世界末日，他們所希冀的「完美的時機造就完美的機會」永遠不會到來，要讓他們相信這一點，通常會以徒勞無功而告終。

還有另一種人，他們從來不清楚自己的狀況。很多聰明絕頂的人財務狀況混亂，並不真正知道生意的盈虧，因此很難應付這種不明智的競爭。在生意不景氣時，人們總是不願意面對現實，研究自己的財務狀況。從一開始，標準石油公司的管理者便清楚而準確地記錄每項收支。我們知道自己賺了多少錢，並且知道哪裡賺了，哪裡賠了。至少，我們不會自欺欺人。

毫無疑問，我的商業理念是保守的，但商業的基本原則會一代代傳承下去。有時，我會覺得我們這些思維敏捷的美國人，即便精力充沛，卻未必能夠參透商業管理真正的基礎和精髓。我一直強調坦誠面對自己的實際情況的必要性：很多人以為不去想這些現實情況就可以逃避過去，但是自然法則是無法逃避的，越早意識到現實情況，就會處理得越好。

人們經常會討論薪酬以及為什麼必須保證高薪酬的問題，比如鐵路工人的高薪酬問題。勞動者獲得多少報酬才合適，從長遠看，勞動者應該得到與他所付出的勞動同等的報酬，不能多，也不能少。如果他沒有做這麼多工作，你給了他這麼多報酬，他可能是在接受救濟，這樣你就破壞了事物的平衡。你不能逃避現實，也不能改變商業的內在規則，否則必然會走向失敗。這些道理聽上去簡單明瞭，但令人不解的是，這麼多人忽視了本來顯而易見的事物。這些都是我們無法擺脫的現實——要想保證企業長期發展，商人必須不斷地調整自己，以適應自然狀況。有時候我會覺得，我們美國人認為能夠找到一條通往成功的捷徑，有時候也確實可以達成願望；但工作中真正的效率來自瞭解自己的現實情況，腳踏實地地打好基礎。

很多富有的人能夠退休時也會選擇不退出商界。他們不願意無所事事，或者他們對自己的工作充滿了自豪，想要完善他們堅信會成功的方案，或者期待取得更多的成功。他們為了員工和合夥人的利益，繼續發展自己的事業，這些人是我們國家偉大的建造者。試想一下，如果所有事業興旺的美國商人取得成功後便退出商界，賦閒在家，那麼會留下多少未完成的事業。如果一個人取得成功，他便也要承擔相應的責任，我們社會公益性機構也需要美國商人的智慧以及他們的資金贊助。我對他們的付出充滿了敬意。

不過，他們中也有一些人只是全心投入生意中，幾乎沒有時間考慮其他的事情。如果做了一些與生意無關的感興趣的事情，他們便會充滿愧疚，好像那是一種恥辱。

「我不是乞丐。」我曾聽他們中很多人這樣說。我只能回答：「你這樣覺得，我感到很遺憾。」

我一生都是這樣的「乞丐」，而這種經歷對我而言不但有趣，而且彌足珍貴，後面的章節中，我將斗膽詳細講述。

第四章

石油產業的經歷

涉足石油業

當我打算進入石油業時，克拉克－洛克菲勒的農產品貿易正興盛，一派繁榮的景象。十九世紀六〇年代初期，我們組建了一家公司，煉製和出售石油，開始步入石油業。該公司由梅塞爾・詹姆斯（Messrs James）、理查・克拉克（Richard Clark）、撒母耳・安德魯斯（Samuel Andrews），以及克拉克－洛克菲勒公司組建。這是我與石油貿易的第一次親密接觸。隨著業務的發展，公司急需克拉克－洛克菲勒公司提供一筆巨大的專用資金。撒母耳・安德魯斯先生在公司中負責石油生產，他已經學會了用硫酸淨化原油的工藝。

一八六五年，合作關係結束，我們決定清收現金資產，還清債務，但工廠以及公司的品牌這一無形資產還有待處理。有人建議採用競標的形式來決定所有者，誰出價高就歸誰。在我看來，這是一種公平的解決方法，問題是什麼時候競標以及由誰來主持競標。當時，我的合夥人找了一個律師協助處理此項事宜，而我從未考慮過聘請法律代表，我覺得自己能夠處理這樣一個簡單的交易。於是，我們當即決定進行拍賣，由律師擔當拍賣人。大家一致同意，拍賣開始了。

當時，我已經下定決心進入石油產業，不僅是充當一個特殊合夥人，更想大規模地進行投資。安德魯斯先生和我一樣，也想購買這個公司。我覺得石油煉製業前景無限，但沒有想到當時會有這麼多人也湧入石油業。不過，我信心十足，準備了足夠的資金，足以買下整個工廠及其無形資產。我還打算放棄克拉克－洛克菲勒公司的其他業務，準備之後將資產處置掉——後來，我的老搭檔克拉克先生接管了其他業務。

我記得當時的起拍價是五百美元。我喊價一千美元；他們出二千美元；就這樣，價格逐漸上漲，誰都不願意放棄，價格逐漸上升至五萬美元，這個價格已經遠遠超出了我們估計的公司本身的價值。最後，價格又漲到了六萬美元，然後小額緩慢增長至七萬美元！我擔心起自己能否支付起這個價錢了。最終，對方出價七萬二千美元。「七萬二千五百美元！」我毫不猶豫地喊道。接著，克拉克先生對我說：

「約翰，我不會再叫價了，這家公司是你的了。」
「我現在就付給你支票嗎？」我問道。
「不用，」克拉克先生說，「我相信你，方便時給我就行。」
於是，洛克菲勒－安德魯斯公司成立了，我正式開始涉足石油產業。自此至五十六歲退休的四十年裡，我一直致力於發展這一行業。
大家對石油產業早期的歷史已經十分瞭解，在此我就不贅述了。原油淨化工藝簡單、易操作，開始時利潤非常高，自然各行各業的人都趨之若鶩，肉商、麵包師、燭臺製造商等紛紛開始煉油。不久，投入市場的成品油便供過於求。於是，油價不斷下跌，這一行業面臨著崩潰的危險。看來亟須擴展海外市場來挽救頹勢，而這是一個漫長而艱苦的發展過程。另外，需要不斷改進煉製工藝，在降低售價的同時獲得可觀收益。還要充分利用所有原料的副產品，不能像一些工藝水準較低的煉油廠，把這些材料都扔掉。
我們的事業一開始便遇到了這些問題。當時正值經濟大蕭條，我們努力與鄰居和朋友磋商，推銷石油產品，以求把逐漸混亂的局勢納入正常的軌道中。我們要拓展市場，提高生產工藝，而任何一家公司都無法獨自完成這些任務。最後，經過分析，我們明白只能靠增加資金投入，吸收優秀的人才以及先進的經驗，形成規模效應，才能解決上述問題。

在這種思想指導下，我們開始購買最大型、最好的煉油廠，對其實行集中管理，以保證公司更加經濟高效地營運。公司發展迅速，遠超出了我們的預期。

這家公司的管理層實踐經驗豐富，能力卓越，通力合作。不久，公司在生產工藝、運輸條件、金融狀況、市場拓展等方面都打下了堅實的基礎。我們也曾遭遇困難與挫折，曾在火災中損失慘重，原油的供應也一直不穩定。隨著環境的改變，我們不斷調整著自己的計畫。我們在石油中心建立了大型設施，矗立起儲油罐，連接了石油運輸管道；之後石油枯竭，我們的工作都白費了。石油業最多是一個投機的行業，但令我驚奇的是，我們總是能夠險渡難關；之後，我們逐漸學會了如何經營這一最為艱難的行業。

海外市場

幾年前，有人曾問過，我們的公司是如何發展到這麼大規模的，我解釋說，我們公司最初是俄亥俄州一個合夥企業，之後發展成集團公司。對於一家本地煉油公司來說，已經發展得算不錯了。但是，如果僅僅依靠當地市場的話，我們早就破產了。我們必須把市場拓展至世界各地。沿海城市在發展海外市場方面擁有得天獨厚的優勢，我們很快便發現，在這些地方建造工廠，能夠把石油更加便利和經濟地運輸到海外。於是我們在布魯克林、巴約納、費城、巴爾的摩建立了煉油廠，並在各州成立了公司。

不久，我們又發現，隨著業務發展，原來所採用的用油桶運輸的方法已，經無法滿足當前的需求了。包裝成本經常比石油的價格還高，並且久而久之，我們國家的森林也無法再提供那麼多價格低廉的原材料。於是我們轉而尋求其他的運輸方式，改採輸油管道系統，並籌集到建設管道所需的資金。

建設輸油管道必須得到當地政府的授權，就像途經各個州的鐵路必須遵守各個州的法律一樣。管道系統的完善需要幾百萬美元的資金。整個石油產業都依賴於這些輸油管道。如果沒有這些管道，到達消費者手中的成本將會增加，所有油井的價值都將大打折扣，國內外每一個市場都將難以維持。沒有這種運輸方式，整個石油產業的發展將會受阻。

輸油管道系統還需要其他方面的改進，例如，鐵路系統上使用的油槽車，以及後來用蒸汽引擎推進的油輪。所有這些都需要資金，公司建立之後便需要使用這些設施。

企業要想穩步發展，就必須採取這些措施。只有通過設施的不斷改善，資本的不斷累積，今天的美國才得以享用從她的土地裡源源不斷傾吐而出的財富，並且為世界帶來光明。

標準石油公司的創建

一八六七年，威廉・洛克菲勒公司、洛克菲勒－安德魯斯公司、洛克菲勒公司、S.V.哈克內斯和亨利・莫里森・弗萊格勒共同組建了洛克菲勒－安德魯斯－弗萊格勒公司。

成立這家公司的目的是希望透過聯合我們的技術和資金，採用更加經濟高效的經營方式，實現大規模經營，取代之前分散的小規模經營。隨著時間的推移，合作的潛力越來越明顯，我們發現有必要進一步加大投資；於是又說服其他人，創建了標準石油公司，擁有一百萬美元的資金。後來我們找到更多可以利用的資金，尋找到感興趣的投資者，到一八七二年，公司的資本增至二百五十萬美元；之後，到一八七四年，增加到三百五十萬美元。

隨著公司的發展，我們開拓了許多國內外市場，吸引了更多的人才和資金，也創建了更多新公司；而我們的目標始終如一，那就是透過提供最優質、最便宜的產品，推動企業發展壯大。

我覺得標準石油公司的成功，應歸功於我們始終如一的經營策略，即透過提供質優價廉的產品擴大客戶群。我們不惜花費巨資採用最先進、最高效的製造工藝；我們廣納賢士，提供最豐厚的薪酬，吸引管理人員及工匠；我們果斷地棄用舊機器和舊工廠，建立新工廠，武裝新設施；我們悉心考慮工廠的選址，爭取最低的成本；我們不僅開發主要產品的市場，而且尋找所有可利用的副產品市場，竭盡全力地將它們推向世界各地；我們不惜花費數百萬美元，建造輸油管道、油

老洛克菲勒創建的標準石油公司的標誌

槽車、油罐汽船和拖罐車，降低石油採集和配送的成本；我們在全國各地的中心鐵路線旁建設補給站，節約石油儲存和運輸的費用；我們對美國石油充滿信心，彙集大量的資金，壯大美國石油業，抑制了來自俄國及其他所有石油產出國的競爭。

安全保障方案

下面有一個例子，講的是我們節約成本、獲取收益並贏得優勢的一種方法。借鑑以往的經驗教訓，我們知道火災是石油煉製和儲存的大敵，藉由將工廠分散到全國各地，我們所承受的風險和可能會造成的損失便降到了最低點。沒有火災可以將我們毀滅，因為我們能夠建立起一套風險防禦體系，用於安全保障的準備金不會一瞬間便用完，那些將工廠建造在同一個地方或附近區域的企業則有可能出現這種情況。我們研究並完善預防火災的管理制度，年復一年地改善設備，完善計畫，最終，這一安全保障方案所帶來的收益，成為標準石油公司利潤的重要組成部分。

這種用於安全保障的準備金，及將火災帶來的損失最小化的措施，直接影響到公司的收益，不僅是煉油公司的收益，還包括許多其他相關企業的收益，包括副產品的生產商，油罐、油罐汽船、油泵的生產商等。

我們全心全意致力於石油及石油產品的經營。公司從未涉足營業外經營，而是堅持採取多種措施，不斷完善現有的組織。我們培養自己的人才，許多人都是從少年時代便開始接受我們的訓練；我們盡力為他們提供更多機會，提高他們的個人能力，培養他們對企業的忠誠度；我們給予他們購買公司股票的機會，公司也會幫助他們融資購買。我們的年輕人不僅在美國，而且在世界各地都擁有自我提升的機會。我們也歡迎從前的合作夥伴的子孫進入董事會，承擔起管理責任。我敢說，無論在過去還是現在，標準石油公司都是一群忙碌人的快樂聯合體。

曾經有人問我，現在的管理層是否會經常諮詢我的意見。我想說，如果他們需要的話，我十分樂意提供我的建議。但現實情況是，退休以來，幾乎沒有人向我徵求意見。我仍然是大股東，實際上，我退出管理層後，我的股份不減反增。

為什麼標準石油公司支付可觀的分紅

讓我解釋一下這個問題，有些人對此感興趣，但我確信有些人對此並不關注。標準石油公司每年有四次分紅：第一次在三月，一年中最繁忙的季節結束之後，因為比起其他季節，冬天石油的消費量最多，其他的三次分紅的週期相同。目前公司的股本是一億美元，紅利達到了四〇％，但這並不意味著公司的收益是投資資金的四〇％。事實上，這是公司營運三十五年或四十年來所有儲蓄和盈餘累加的結果。公司的股本已經增加了幾倍，沒有一分過剩資本或「水分」，這都是實際價值。如果把股本的增長算上，平均的紅利為六％～八％。

正常的發展

現在，讓我們來瞭解一下這些年來公司的資產自然而絕對正常的增幅有多少。當年輸油管道建造的時候，生產成本大約為現在的五〇%。廣袤的油田在買入時仍是一片處女地，有待開發，後來我們在這些土地上獲得了豐厚的產出。當時，公司購買了大量低品質原油，很多人認為沒有什麼價值，但公司希望最終能夠將其充分利用。事實證明，這是明智的選擇，因為隨著煉油技術的改進，以及回收之前認為無用的殘渣技術的發明，這些低品質原油的價值得到了大幅度提升。公司低價買入的碼頭經過開發和發展，價值大為提升。在重要的商業中心附近，我們獲得了大片未開墾的土地。我們把工廠遷至這些地方，充分利用當地的土地資源，不僅增加了自己的財產價值，而且使附近的地價比原本增長了很多倍。無論在美國還是在其他國家，我們在建造工廠的地方總會買下大片土地。我記得，有一次我們以每英畝僅約一千美元的價格買下一些荒地來建廠，經過不斷開發，那些土地的價值在三十五年至四十年間增長了四、五十倍。

其他人的財產也和我們一樣得到升值，但他們也相應地擴大了股本，從而避開了針對我們的那類指責，而我們只是本著老式保守的觀念，沒有進行此類的資本擴張。

所有這些都不是什麼奇怪或神祕的事情；所有這些都遵從商業發展的自然法則。阿斯特家族和其他許多房地產巨頭也是這樣經營的。

假設一個人以一千美元的資本起家，把大部分的收入儲存起來而不是花掉它，從而逐漸增加其資產和投資，投資額增加到了一萬美元，如果按照他起家的一千美元來計算它現在的收益的百分比，顯然是愚蠢的。在這裡，我想再次表明，標準石油公司的管理者不應該遭到指責，而應該受到表揚。在這個充滿風險，或者說在很大程度上不可避免充滿投機性的產業裡，他們始終採取最為保守的經營路線，為企業的發展奠定了扎實的基礎。標準石油每年的分紅從來沒有令股東失望，並且，全國持有標準石油公司股票的人越來越多。

資金的管理

我已經說過，我們從未嘗試透過證券交易市場出售標準石油公司的股票。早期，石油產業的風險很大，假如股票在證券交易所上市的話，毫無疑問，其價格會出現劇烈的波動。我們更願意讓公司的所有者和管理者全心全意地關注公司的合法發展，而不是在股票上進行投機。我們妥善地管理公司的收益。有人批評我們只將公司擁有的實際資產的一小部分進行分紅，欺騙投資者。如果我們將資本的價值增加到其實際價值，把股票在證券交易市場上市，又可能被批評為採用促銷策略誘惑大眾進行投資。我說過，公司的基礎扎實，經營保守，經過早期籌集充足資金的艱辛，再加上在商海中多年的歷練，我們決定採取自力更生的經營策略。從此之後，我們從未過分依賴金融界的幫助，而是依靠自己，尋求解決方法，不僅能夠保護自己的重大利益，而且隨時準備在危難時刻向其他人伸出援手。我相信，標準石油公司備受指責，只是因為這些人並不瞭解事情的全部真相。很久之前，我便退出公司的管理層，但我還是想說，那些在與外國製造商的激烈競爭中，致力於將美國石油推向全世界的人，理應受到讚賞和鼓勵。

關於標準石油公司所謂的投機活動的謠言不絕於耳，對於這個話題，我想說一下。標準石油公司只對石油產品以及與之相關的合法的生產事業感興趣，它擁有生產油桶和油罐的工廠；開發了抽取石油的油泵；它擁有運輸石油的船舶、油罐車、輸油管道等——而這些都與投機無關。石油產業本身已經具備足夠的投機性了，只有加強管理，保持清醒的頭腦，才能夠對這一投機行業進行成功的管理。

公司給股東的分紅來自石油貿易的收益。股東們可以隨心所欲地選擇他們認為合適的花錢方式，公司對股東的分紅絕不具備任何支配權。標準石油公司並沒有擁有或控制「銀行」，也沒有與任何銀行存在直接或間接的利益關係。它與銀行的關係只局限在正常的業務往來，與其他的儲戶沒有任何區別。它購買及出售自己的股票，多年以來，這些交易使得它的匯票為全世界所接受。

性格決定一切

談起標準石油公司成立的初衷，大家應該還記得，它不只是擁有個人利益的公司合併，且是致力於此行業擁有卓越能力人才的彙集，這是我們真正的出發點。或許有必要再次強調這個事實，即組成一個公司的並不僅僅是資本、「工廠」和嚴格意義上的物質財產，還包括這些物質財產之後的人的品格、人格和能力，這些都是公司發展的基本因素。

一八七一年後期，我們開始購買克里夫蘭一些比較重要的煉油廠。當時情況混亂，充滿了不確定因素，很多煉油廠廠主迫不及待地想從這一行業中解脫出來。我們為這些想要出手的賣家提供了兩種選擇，或者收取現金，或者是換取標準石油公司的股票。我們非常希望他們能換取公司的股票，因為當時一美元對我們來說也很重要，但出於商業原則考慮，我們決定最好還是給賣家提供選擇機會，大部分人毫不猶豫地選擇了收取現金。他們知道一美元能夠買到什麼，但對於石油市場復興的潛力及股票是否能帶來長久的價值，他們深表懷疑。

多年來，我們一直在收購煉油廠，在這段時間內，標準石油公司購買了克里夫蘭很多重要的煉油廠。不過，有一些小規模的工廠儘管和其他大工廠一樣有出手的機會，但仍然堅持繼續經營，不願被收購。而在一些地理位置比克里夫蘭更優越的煉油地，也有一些煉油廠經營得非常成功。

收購巴克斯

所有這些煉油廠的收購都建立在非常公平和誠信的基礎之上，然而一些交易故事的眾多版本，卻給人留下了賣家受到超級巨頭最無情壓榨的印象。比如收購巴克斯石油公司資產的故事就被添油加醋，眾口相傳。故事中，我成為一個無情的掠奪者，從一位無依無靠的寡婦手上搶走了最珍貴的財產，只支付給她應有價值的一小部分作補償。這個故事極具感染力，能夠引起眾人的同情。如若屬實，這將是一個令人震驚的殘酷壓榨毫無反抗能力的婦女的事件。這個故事廣為流傳，許多不明真相的人深信不疑，因此對標準石油公司及我本人犯下的罪行深惡痛絕。

儘管我不願意講，而且多年來也一直避免觸及這個話題，但今天還是要為大家詳細講述整件事情的經過。

標準石油大廈在克里夫蘭。F. M. 巴克斯（F. M. Backus）先生備受尊敬，是我的一位老朋友，他在一八七四年去世前的幾年裡，一直從事潤滑油的生意。他去世後，他的家人成立了巴克斯石油公司，繼續經營公司業務。一八七八年下半年，標準石油公司購買了這家公司的一部分資產。談判持續了幾個星期，參與談判的是該公司主要股東巴克斯夫人的代表查理斯・H.瑪律（Charles H. Marr）先生和我公司的代表彼得・S.詹寧斯（Peter S. Jennings）。我並沒有參與談判，只是這件事情剛剛開始籌劃時，巴克斯夫人約我到她府上，我去赴約了。她談到了要向我們公司出售部分資產，要求我本人參與和她的談判。

我婉拒了她的要求，並向她解釋我對談判的細節並不熟悉。在這次交談中，我建議她不要匆忙採取行動。她對石油業的未來表示出擔憂，比如她說無法籌到運輸足夠石油的油車。我告訴她，雖然我們也需要油車，但她需要多少我們可以借給她多少，在其他事情上也會不遺餘力地幫助她，我相信她以後也能像以前那樣成功地經營她的生意。不過，我告訴她，如果經過深思熟慮後她還是想出售產權，我們將會派一些熟悉潤滑油行業的人與她共同協商。

她表示仍然希望將產權出售給我們公司，於是詹寧斯先生代表我公司與其進行談判。我們的專家對我們決定購買的巴克斯的工廠、無形資產和繼承權的價值進行估算之後，我要求他們在總價上加上一萬美元，以確保巴克斯夫人得到全額的利潤。這是我做的另一件事情。交易圓滿結束，和我們預期的一樣，付給巴克斯夫人協商好的價格後，她對整個交易表示滿意。

然而，令我吃驚的是，交易結束一兩天後，我收到她一份非常不友善的信，抱怨她受到了不公平的待遇。在調查了事情的來龍去脈後，我寫了一封回信，內容如下：

尊敬的女士：

昨天，收到了你十一日的來信，直到今天，我一直在回想與收購巴克斯石油公司股份談判相關的每一個談判細節，以確定我是否做過任何冒犯及傷害您的事情。

在那次會面時，我確實建議過，如果您願意可以保留一些巴克斯石油公司的股份，確保您獲得該公司的利潤。我記得您說過，一旦把公司出售，您希望完全脫離這個行業。於是，在您決定出售並不保留其他任何股份後，我們做了相應安排。因此，當您提出購買一些股份時，我們只能根據之前的事實給您回覆，而不是您信中所提到的斷然拒絕。您在十一日的來信中提到，我將巴克斯石油公司的業務從您手中搶走；我得說，這樣說有失公允。是否收購巴克斯石油公司並不是基於我自身的利益，而完全是為您的利益著想。我可以坦坦蕩蕩地說這些話。

請您想一想，兩年前，您向我和弗萊格勒先生諮詢過，是否要將股份出售給羅斯先生，當時您急於要出售股份，價格要比現在獲得的現金低得多。

如果您獲得了延期付款且令人滿意的抵押品的話，您可能已經達成了那次交易。現在我們購買巴克斯產權所支付的價格，是建造相等甚至更好設備的新公司成本的三倍。我慷慨地提出六萬美元的買價，儘管我公司的一些人認為這個價格實在過高，但我仍然堅持出這個價錢。

我相信，如果重新審視您的來信，您會覺得對我作這樣的論斷實在是不公平。我也希望您能夠充分地認清此次交易的是非曲直。然而，考慮到您此刻的感受，現在我向您提出如下建議：您可以收回巴克斯的產權，只要歸還我們已經投入的資金就行，就當我們從來沒有進行過此次交易。

如果您不願意接受這一提議，我也可以對您提供一百股、二百股或三百股股票，您只要支付與我們購買時相同的價格即可。鑑於我們已開始在巴克斯石油公司投入資金，使公司的總資產增加了十萬美元，每股股票的價值已升至一百美元。

您不必匆忙答覆，我將給您三天時間考慮是接受還是拒絕我的提議。同時，請相信我。

忠誠的朋友　約翰・洛克菲勒

一八七八年十一月十三日

巴克斯夫人沒有接受我提出的任何一項提議。為了表明以上的敘述不是我的一面之詞，我將附上以下文件：第一份是H. M. 巴克斯先生的來信。他一直參與公司的經營。巴克斯先生完全出於個人的意願寫了這封信給我，我徵得了他的同意，將這封信公佈出來。接著是代表巴克斯夫人參與談判的紳士們的一些摘錄和書面陳詞。我並不是想公開宣揚巴克斯先生信中對我的溢美之詞，但為了保證原文的真實性，避免由此引起誤會，我將信件完整地公佈出來。

博林格林市，俄亥俄州，一九〇三年九月十八日

約翰．D. 洛克菲勒先生

克里夫蘭，俄亥俄州

尊敬的約翰・D. 洛克菲勒先生：

我不知道您是否能夠收到這封信，您的祕書是否會隨手將它丟進垃圾桶，然而，我還是要寫這封信給您，以完成我的心願，如果您無法收到或者無法讀到它，那也不是我的過錯了。自從我已故兄弟的遺孀F. N. 巴克斯夫人寫了那封關於出售老巴克斯石油公司產權的不公正的、無理的信給您，我便也想寫信給您，表明我對那封信件的態度。我在巴克斯石油公司擁有一小部分股份。我和我的兄弟一家人住在一起。那天，您應巴克斯夫人之邀到家裡討論公司出售事宜時，我也正好在家。她告訴詹寧斯先生希望可以直接與您談判。從一開始，我就同意這次出售。

我和巴克斯夫人一起經歷了她與羅斯先生及麥洛尼先生交易的糾紛，盡我自己所

能鼓勵她，防止羅斯先生占她的便宜。在我看來，巴克斯夫人是一位傑出的金融家，但她並不知道，也沒人能夠使她相信，她在金融方面最大的成功，便是將巴克斯石油公司出售給你們。

她並不知道在之後的五年，越來越多孤注一擲的競爭將使公司倒閉，背負著歐幾里得大街上的巨債，她將深陷其中，無法翻身；而能夠拯救她和石油公司的唯一轉機，便是洛克菲勒先生的方案。她認為您從她那裡搶奪了上百萬的財富，讓她的孩子食不果腹，漸漸地，這種想法發展成一種病態的偏執，沒有任何人能夠用任何理由說服她。

她在很多方面都聰慧理智，但在這件事情上，我覺著她始終太偏執。當然，如果我們還能夠繼續獲利，我會反對出售這家公司，但這是不可能的。我知道，應您要求，在資產的購買價上又加了一萬美元；我知道您付出了相當於三倍資產價值的價格；我也知道正是把資產出售給您，才使我們避免了一敗塗地的命運。我這麼說只是想讓您得到公正的對待，也讓我緩解內心的愧疚。

將公司出售之後，我去了布法羅，天真地以為可以東山再起，但很快便遭遇失敗，偃旗息鼓。然後我又去了得露絲，站在風口浪尖，直到房地產的泡沫經濟破滅，我也徹底破產。我經歷了人生的大起大落，但我嘗試著為自己療傷，樂觀面對現實，而不是坐在杜松樹下，指責約翰・洛克菲勒讓我遭受損失。

我想，如果不是一兩天前，我與俄亥俄州管道公司（Buckeye Pipe Line Company）的主管哈納芬先生聊起老巴克斯石油公司出售的事情，或許又得推遲許多年才會寫這封信，這封信已經拖得太久了。那次交談讓我重新燃起了寫信的念頭，終於下定決心，現在寫了這封信，給您了卻了我的一個心願。

再次向您表達我對您的尊敬與欽佩之情，約翰・洛克菲勒先生。

您真誠的朋友

H.M. 巴克斯

從談判的書面陳述中，我們可以看到，代表巴克斯夫人及其公司參與談判的是查理斯・瑪律和麥洛尼先生。前者是當時巴克斯公司的職員；後者自巴克斯公司組建時就是其主管，也是該公司的股東。代表標準石油公司談判的是彼得・詹寧斯先生。

在人們的印象中，標準石油公司以七・九萬美元購得巴克斯石油公司的產權，而該公司的資產遠超過此價格，在標準石油公司的威脅和強迫下，巴克斯公司不得不做出讓步。詹寧斯先生請瑪律先生提供一份書面方案，列出巴克斯公司即將出售的資產項目和價格。瑪律先生據此提供了方案，此方案附在詹寧斯先生的書面陳述中。標準石油公司最終決定不購買巴克斯公司的所有資產，只購買其手上的石油，並按市場價支付大約十九萬美元，而對於「工廠、無形資產和繼承權」，瑪律先生出價七十一萬美元，標準石油公司還價六萬美元，對方很快接受還價。瑪律先生的書面陳述如下：

「查理斯・瑪律在此宣誓，我代表巴克斯石油公司參與談判，促成了上述公司工廠、無形資產及現存石油的出售。上述公司出價十五萬美元出售全部股份，包括庫存現金、應計股利等，詹寧斯要求公司提供所售資產的定價方案。經與巴克斯夫人全面探討，並徵得其同意，本人提供了附在詹寧斯書面陳述後的方案；方案由本人書寫，並應詹寧斯要求親自在美國潤滑油公司辦公室原本影印，原件已提交給巴克斯夫人過目。」

「巴克斯夫人充分瞭解上述談判的細節及所附方案中的項目及價格，談判的每一步驟都經與其磋商，完全徵得其同意。因其為巴克斯公司最大的股東，擁有公司約七〇%的股份。據證人所知，她完全同意上述方案，接受詹寧斯以六萬美元的出價購買工廠、無形資產及繼承權的提議，無任何異議。如前所述，包括進貨價格在內，巴克斯石油公司的總資產約為十三萬美元，而一部分資產並沒有如證人所告知的那樣，轉化為現金。」

關於收購巴克斯石油公司的談判，巴克斯夫人的代表瑪律先生還提到：

「但本人聲明，在這個過程中，詹寧斯先生或其他任何人從未對巴克斯石油公司施加壓力，也從未說過或做過任何事情以促成上述交易。」

他還說：

「本人聲明，談判持續了兩到三個星期……在標準石油公司仍未確定購買前，巴克斯夫人不斷催促本人儘早完成此事，因為她急切想處理上述產業，擺脫日後的擔憂及與此相關的責任。當本人告知她詹寧斯先生的開價時，她表示完全滿意。」

麥洛尼先生從巴克斯石油公司創建伊始便一直擔任公司主管，是公司的股東，也是巴克斯先生生前多年的合作夥伴。他代表巴克斯夫人參與了公司出售的談判。他也提供了書面證詞，提及此次談判時，他說：

「最後，經過磋商，巴克斯夫人提出以七・一萬美元的價格出售工廠、無形資產及繼承權。幾天後，標準石油公司提出以六萬美元的價格收購工廠及無形資產，並以市場價購買巴克斯石油公司的庫存石油。巴克斯夫人接受了這一方案，交易完成。」

「在談判過程中，巴克斯夫人一直急於出售公司，對最終的成交價也完全滿意。我知道一年半之前，她就想出售巴克斯石油公司的股票，當時的價格比標準石油公司現在提供的價格要低三〇％～三三％，在這一年半的時間裡，公司所售的工廠及資產並沒有增值。我對巴克斯的工廠及其價值十分熟悉。在當時，建造這樣一座新工廠僅需二萬五千美元。在交易過程中，我們並沒有遭遇任何威脅及恐嚇，也沒有遭受任何此類強迫出售的行為。談判在友好和公平的氛圍中進行，標準石油公司的出價遠遠超過所購產業的實際價值，巴克斯夫人非常滿意，所有人都為她著想。」

如今，三十多年過去了。在我看來，標準石油公司一方一直以最友好、最周到的態度對待巴克斯夫人。我們曾建議她保留小部分標準石油公司的股票，但她未接受我們的建議，對此我深表遺憾。

回扣的問題

在標準石油公司所有引起公眾注意的事件中，最引人注目的當屬鐵路回扣事件了。一八八〇年以前，在我擔任俄亥俄州標準石油公司董事長時，標準石油公司確實收取過鐵路公司的回扣。但是鐵路公司是不會做賠本生意的，提供回扣是鐵路公司的一種商業手段。鐵路公司會公佈一個公開的運費，但據我所知，它們從來沒有按照這個價格收取費用；其中一部分作為回扣又返還給托運人。透過這種經營方式，不論是競爭對手，還是其他鐵路公司，都無法知曉托運人真正支付的運費；而回扣的多少，則要看托運人與承運人之間的討價還價了。

俄亥俄州標準石油公司位於克里夫蘭，該地區擁有發達的鐵路網絡，在夏天還可以選擇水運。我們充分利用這些優勢，儘可能討價還價，降低成本。俄亥俄州的其他公司也是如此。為了降低運輸成本，標準石油公司為鐵路公司創造了很多有利條件。我們大批量地出貨，我們花大成本提供裝卸車設備。我們定期運輸貨物，以保證鐵路公司可充分利用鐵路的運力，不用等待煉油商出油，創造最多的效益。我們自己負擔保險費用，一旦發生火災，鐵路公司無須負責。我們自己出資建造碼頭設備，為鐵路公司節省了營運成本。正因為有了所有這些條件，我們在簽訂合約時得到了貨物運輸的特殊津貼。儘管提供了這些「特殊津貼」，鐵路公司從標準石油公司獲得的收益，仍遠遠高於從其他一些出貨不穩定、貨量較小的公司獲得的利潤，因此，它們的運費比起我們要高一些。

要想瞭解影響收受回扣的情況，首先必須記住，鐵路公司總是不遺餘力地擴大貨運量。它們不但要面對來自湖泊、運河的船舶運輸的競爭，還要應對來自輸油管道的競爭。所有這些石油運輸方式都使鐵路運輸的生意遭到打擊，它們急切地想在競爭中勝出。我已經說過，我們提供快速裝車卸車的設備，而且每天都有固定的出貨量，還提供我提到的所有其他條件，因此，最終的結果不但為鐵路公司也為我們自己節省了成本，實現了雙贏。所有這些都符合商業的自然法則。

管道運輸與鐵路運輸

輸油管道的建造為鐵路系統帶來了另一個強勁的對手。使用管道輸送石油的成本遠低於透過鐵路運送油罐的成本，因此輸油管道的發展是一個必然趨勢。關鍵的問題在於石油的產量是否充足，能否使投資獲益。經常會出現這樣的情況，通到油田的管道建好了，油井卻枯竭了，可想而知，這些管道便成為了最沒有價值的資產。

鐵路系統和輸油管道之間的關係呈現出有趣的特點。很多情況下，都必須把兩種設施聯合起來，形成互補。因為輸油管道只能覆蓋一部分地區，管道中止時，鐵路將繼續完成餘下的任務，將石油輸送至最終目的地。在一些情況下，原本我們按照協定全程委託鐵路公司運輸石油，但輸油管道建成後，一部分路程改用管道運輸，一部分路程仍由鐵路運輸，運費就需要分開計算。然而，由於我們已經支付了全程運費給管道運輸公司，管道的所有者同意由鐵路公司支付部分費用，因此出現了這種情況，標準石油公司給鐵路公司回扣，而不是鐵路公司給標準石油公司回扣——我還從來沒有聽到任何關於這個問題的怨言。

標準石油公司的收益並不是來自鐵路公司給予的好處，相反，鐵路公司從標準石油公司的運輸委託中獲得利益。標準石油公司持之以恆地減少運輸成本，只是為消費者節省開支的方式之一；而這一措施也使我們降低了產品價格，從而成功地佔據了全球市場。

我幾乎無法想像討價還價多麼複雜高深；每個人都在爭取最便宜的運費。《州際貿易法》通過後，據說一些出貨量有限的小公司拿到了比我們更優惠的運費，儘管我們大量投資提供了碼頭設備、保證穩定的出貨量及提供其他一些便利條件。我記得波士頓有個很睿智的人曾談論過回扣的問題，他是位經驗豐富的老商人，處事小心謹慎，總是擔心有些競爭對手會獲得比他更優惠的價格。他表達過這個觀點：「根據做事原則，我反對吃回扣的整個體系——除非我自己有利可圖。」

第五章

其他的商業經歷和商業原則

其他行業的投資

進入鐵礦石這一行是違背我自身意願的一次經歷，因為這是我沒有經過深思熟慮便作出的一個決定，增加了我的負擔和責任。涉足鐵礦業源於我在西北的幾次投資頻頻失敗。

當時，我投資了許多不同的行業，如採礦廠、鋼鐵廠、造紙廠、鐵釘廠、鐵路、木材廠、金屬熔煉廠以及其他一些行業，很多我已經記不清了。我是所有這些公司的小股東，沒有參與過企業經營。並不是所有的公司都有盈利。事實上，在一八九三年經濟大蕭條之前的幾年，已經或多或少出現了通貨膨脹。許多原本認為自己挺富有的人發現現實與想像相距甚遠，當大恐慌到來時，艱難的經歷迫使他們不得不接受殘酷的現實。

這些產業中的大部分我未親眼見過，我只是根據別人的調查判斷其價值。事實上，我從來沒有單純依靠自己的瞭解來判斷這些工廠的價值。我發現有人比我更清楚如何去調查這些企業。當時，我已經打算退出商界了，但大恐慌使我不得不推遲我盼望已久的長假。幸運的是，我認識了弗里德里克・蓋茲先生（Mr. Frederick T. Gates），當時他正從事一些與美國浸信會教育協會（the American Baptist Education Society）相關的工作，這些工作需要他前往全國各地。

我認為蓋茲先生雖然沒有工廠經營的專業技術資訊，但他擁有大量的常識，能幫助我獲取一些關於這些企業興旺與否的第一手資料。有一次，他準備去南方，恰好會經過我投資的一家鋼鐵廠，於是，我請他幫我調查一下工廠的經營狀態。

他的報告近乎完美，是此類報告的典範。他為我提供了詳細的情況，只是絕大部分不容樂觀。不久，他恰好要去西部，我給了他我在那個地區投資的工廠名稱和地址，請他幫我調查，當然我也只持有這個公司的少量股份。本來我以為這份資產經營甚好，然而藉由他清楚明瞭的報告，我吃驚地發現這家公司如果繼續按照現行模式經營下去，倒閉只是時間早晚的問題。

挽救病入膏肓的企業

於是，我邀請蓋茲先生加入公司，幫我處理這些棘手的事務，像我一樣成為商人。而我們之間就一個問題達成了一致，即蓋茲先生將不會放棄他一直從事的更偉大、更重要的慈善事業。

在這裡，我想向蓋茲先生表達我的欽佩之情。他不但擁有罕見的商業能力，深諳商道，經驗豐富，而且充滿著熱情，努力完成對人類具有偉大和持久益處的事業，其影響永遠不會消逝。他擔任普通教育委員會（the General Education Board）的主席，也積極參與其他委員會的活動，長久以來，他協助組織了許多給社會帶來長久利益的公益性的項目。

多年來，蓋茲先生幫助我處理公務，使我有機會處理一些個人事務。他陪我渡過了艱難的時期，好心地為我分擔肩頭的重擔，讓我有時間打高爾夫球、設計景觀路、移植林木及享受其他一些人生樂趣。他致力於調查我們的教育捐助、醫學研究和其他類似的工作，並取得了很大的成功。在過去十多年間，我的兒子分擔了蓋茲先生的一些工作，最近，斯達・J.墨菲先生（Mr. Starr J. Murphy）也加入公司，幫助蓋茲先生處理一些事務。蓋茲先生為我們的事業忙碌大半生，理應享受悠閒的生活了。

不過，我們還是回過頭來看看那些糟糕的投資吧，蓋茲先生對每一個企業都進行了充分的研究，盡全力幫助它們。我們的政策是盡全力防止我們投資的公司走向破產法庭，申請破產管理需要付出昂貴的代價，會使企業遭受慘重的損失。我們的計畫是透過提供必需的借款、改進設備、降低成本等方式幫助企業渡過難關。只要付出時間和耐心，充分利用各種機會，就可能使它們自我維持下去，重獲新生。於是，在一八九三年和一八九四年的困難時期，我們謹慎地處理這些破敗企業的各項事務，其中許多得以繼續經營；有時候購買其他人的股份，有時候出售自己的股份，但幾乎所有企業都逃脫了破產、申請破產管理、喪失抵押品贖回權的命運。

透過解決這些棘手的問題，我們擁有了治療商業弊病的豐富經驗。在多年之後的今天，我討論這個話題的唯一目的是告訴大家一個事實，對於那些遭遇挫折的商人，只要謹慎、耐心地不斷努力，即便看似已經走投無路，也能絕處逢生。重獲新生需要兩個條件：首先是資金的投入，自掏腰包或者從別人那裡募集；其次是嚴格地堅持合理的商業自然法則。

採礦

在這些投資中，我們購買了一些礦場的股份，以及將礦石從礦場運往港口的一條鐵路的鐵路公司股票和債券。我們對這些礦場充滿信心，而要想將其轉化為利潤，鐵路是必不可少的。於是我們開始建造鐵路，但在一八九三年的大恐慌時期，鐵路建設和其他工業發展幾乎全部受阻，遭到毀壞。雖然我們只是小股東，但看來只有我們才能帶領鐵路公司走出蕭條、恐慌的艱難時光，重現生機。我不得不用個人的證券抵押借款，最後我們被迫提供大量現金。為了籌集這些現金，我們不得不進入動盪不安的金融市場，換取急需的貨幣，緊急地輸往西部，支付鐵路工人的薪酬，保障他們的生計，以便繼續工作。當大蕭條的恐慌逐漸消退，形勢逐漸穩定下來後，我們開始意識到自己的處境。我們已經投資了幾百萬美元，而沒有人願意投資購買股票；相反，所有人似乎都急於將手中的股票拋售。我們買到的股票數量驚人——不費吹灰之力便獲得了幾乎全部的股份——相對反的，我們支付了大量現金。

現在，我們發現自己掌控了大量的礦場。在有些礦場裡，一鐵鍬就能挖出礦石，一噸只要幾美分成本，而把礦石運往市場的運輸方法，仍然是沒有解決的最主要的問題。

為了保護我們的投資，我們必須擴大貿易的規模；我們不能停下來，要盡一切努力地工作；既然已經投入了這麼多錢，我們便買下能夠買下的所有我們認為有價值的礦場。鐵路和船舶只是獲取收益的媒介，礦場才是關鍵所在，我們相信我們再也不可能獲得這麼多好礦。

令我吃驚的是，一些大的鋼鐵製造商對這些礦場並未給予足夠的重視。在我們關注之前，可以用非常便宜的價格購買到擁有許多最好礦井的礦區。既然投身於這一冒險的行業，我們便下定決心，利用最先進、最高效的開採設備及運輸工具，將礦石提供給每一個需要的人。然後，我們用獲得的收益購買更多的礦區。

蓋茲先生是多家公司的總裁，這些公司擁有礦井及向湖區運送礦石的鐵路，因此他開始學習並經營採礦業及運輸業。事實證明，他不僅是一位睿智的學者，而且還真正掌握了複雜多變的商業技能。他幾乎包攬了所有的工作，只是在需要時徵求一下我的意見；而我仍記得許多我們化解危機、渡過難關的有趣經歷。

造船

解決了鐵路問題之後，顯然我們還需要將礦石運輸到湖區的船舶。我們對如何建造運輸礦石的船舶一無所知，所以依照習慣，決定向我們認為行業內最權威的人士求助。我們非常熟悉這個人，他也從事礦石運輸，而且企業規模很大。當我們開始計畫用船運輸礦石時，才意識到我們成了競爭對手。某天晚飯前，蓋茲先生約了這位專家，一起來到我在紐約的家中。他說他只能待幾分鐘，我告訴他我覺得我們十分鐘之內就可以談妥，事實確實如此。我記得，這是我唯一一次與礦石公司的人會面。我前面說過，所有會議都是蓋茲先生出席，他看上去樂於從事這項工作，而且經驗相當豐富，是最合適的人選。

我們向這位專家解釋，我們打算自己運輸蘇必利爾湖區的礦石，希望他能為我們建造最大型、最精良的船舶，而我們能否成功就要靠這些最高效的船舶。當時，最大的船舶載重約五千噸，但一九〇〇年我們出售船隻時，我們的船載重已達到了七千噸或八千噸，而現在已經出現了萬噸巨輪。

當然，這位專家回覆說他本人也從事礦石運輸，不希望我們也進入這一行業。我們解釋道，我們已經進行了大量投資，為了保護我們的利益，控制自己的湖泊運輸工具，我們必須擁有自己的船舶，實現礦石開採、運輸和銷售的一條龍發展。我們找他是因為他能夠為我們設計和建造最精良的船舶，這是我們想和他合作的原因。儘管他是我們最大的競爭者之一，但我們知道他是一個誠實正直的人，我們非常希望能與他合作。

聘請競爭對手

他仍然拒絕了我們的合作建議，但我們讓他相信，我們已下定決心進入這一行業，如果他能為我們建造船隻，我們願意支付給他可觀的酬勞。我們解釋道，有人已經打算為我們承擔這個工作，他不妨加入我們，成為下一個獲益人。最後，這番理由似乎打動了他，接著，雙方簽訂了協定，對協定內容都表示滿意。這位紳士就是來自克里夫蘭的撒母耳•馬塞先生（Mr. Samuel Mather）。他在我家裡只停留了幾分鐘，其間，我們給了他三百萬美元的建造船舶訂單。這是我與他唯一的一次會面。由於馬塞先生商業信用很高，雖然他是我們的競爭對手之一，但我們對他百分百信任，他也從來沒有讓我們失望。

當時，五大湖區周邊有九至十家造船廠，分佈在不同位置。它們彼此獨立，相互之間競爭激烈。這些船廠還未從一八九三年的大蕭條中恢復過來，沒有全面投入生產，舉步維艱；那時是秋天，許多員工都將面臨著嚴酷的冬天。在計畫應該建造多少艘船時，我們考慮到這一點，決定他們能夠建多少我們就要多少，這樣可以為五大湖區的閒置勞動力提供就業機會。於是我們讓馬塞先生寫信給每家造船廠，以確定在明年春天航運開始時，他們能夠建造出多少艘船舶。結果，有些船廠能造一艘，有些船廠能造兩艘，總共是十二艘。於是，我們決定造十二艘輪船，所有船舶都由鋼鐵製造，具有適用於五大湖區的最大承載量。有些建成汽船，有些建成用來牽引的僚艇。而所有這些船在設計上保持了大致相同的樣式，後來它們風靡五大湖區，成為礦石的最佳水上運輸工具。

當然，這樣一份訂單讓他面臨支付高昂價格的風險。如果馬塞先生提前宣佈他準備建造十二艘船，讓各家公司投標的話，肯定會出現這種情況。至於他如何來處理這件事情，直到很久以後我才知道了事情的始末。雖然這件事現在已成為五大湖區的歷史，但對許多人來說或許還是個新聞，所以在這裡我簡單地說一下。馬塞先生對自己要建造的船隻數量隻字不提。他給每家船廠遞送了完全一樣的計畫書和說明書，讓所有造船廠根據自己的情況投標一艘或兩艘船。所有人自然都認為馬塞先生最多準備造兩艘船，每家船廠都急切地想拿到訂單，至少爭取到兩艘船中的一艘。

在簽訂合約前的那天，所有投標人都應馬塞先生之邀來到了克里夫蘭。他們一個個被單獨帶到馬塞先生的私人辦公室，密談最終投標前的所有細節問題。投標人在指定的時間內進去。所有的紳士都對花落誰家興趣十足。馬塞先生的態度讓每個人都覺得自己是最有戲的競標者，每個人從馬塞先生辦公室出來時都紅光滿面，看上去心滿意足。這讓很多人的心都懸了起來，事情變得更加撲朔迷離。

最扣人心弦的時刻到了，在場的所有紳士幾乎同時收到了馬塞先生的便條，恭喜他競標成功，將會和他們簽訂一份達到其工廠最大承建能力的合約。大家興沖沖地擁向平時會面的休息室，展示自己的便條，準備安慰失敗的對手時，卻發現每個人都拿到了想要的合約，實際上，除了自己，他們根本沒有任何競爭對手。他們見面後比較了便條，對視一笑，此時的快樂遠超過了懊惱。所有人都很快樂，也很滿意，可謂皆大歡喜。順便提一句，由於之後的企業合併，這些友好的紳士後來成為一家公司的同事，都擔任了令人滿意的職位。合併之後，我們後來購買船舶的價格更加統一了。

未出過海的船務經理

隨著這些船舶的投產建造，我們正式開始進入礦石業。我們意識到必須對船舶的營運問題做一些安排，於是我們再次向競爭對手馬塞先生求助，希望他能助我們一臂之力。然而，由於他還承擔著其他責任，無法脫身。之後的一天，我問蓋茲先生：

「我們如何找人幫我們管理訂做的船隻？哪家公司在這方面擁有豐富的經驗，你瞭解嗎？」

「我不瞭解，」蓋茲先生說，「我不知道此時該推薦哪家公司，可否由我們自己去管理呢？」

「你不瞭解船舶營運的事情，不是嗎？」

「確實是，」他承認，「不過我想起一個人來，他能勝任這項工作，只是我擔心你可能覺得他不是最合適的人選。他具有做好此項工作的基本能力。他可能分不清船頭船尾，也分不清海錨和通風帽，對航海也不熟悉，但是他擁有較強的判斷力、誠實、上進、敏銳、節儉，能夠快速掌握新的技能，即便有一定難度的工作，他也能很快上手。這些船還有幾個月才能完工，如果我們現在就聘請他，等船建好時，他可能工作起來已經遊刃有餘了。」

「好吧，」我說，「我們就請他。」於是，我們便聘請了他。

他就是L.M.鮑爾斯先生（L. M. Bowers），來自紐約的布魯恩郡（Broome County）。鮑爾斯先生前往五大湖區的每一個船廠，詳細地考察，仔細地研究，很快便對船舶建造提出了有價值的建議，之後得到設計師的認可，並被採納。從這些船建成並首次揚帆起航，他便開始負責船舶的管理，他的技術和能力獲得了湖區所有海員的讚賞。他甚至發明了一種錨，先是在我們自己的船隊中使用，後來被其他船舶採用，我聽說美國海軍也使用這種裝置了。在我們出售這一部分業務之前，他一直負責船舶的管理工作。我們退出湖區交易後，又給鮑爾斯先生安排了各種各樣困難的任務，每次他都能夠順利完成。後來，由於家人健康問題，他搬到了科羅拉多長住；如今，他已經是科羅拉多州能源及鋼鐵公司能力超群、工作高效的副總裁了。

大型船舶和鐵路讓我們擁有了最有利的設施。從一開始，公司的營運就非常成功。我們大規模地展開貿易，開採礦石，將產品運往克里夫蘭以及其他港口。我們繼續造船，不斷發展，最後船隊共擁有了五十六艘大型鋼鐵船舶。和其他許多我所感興趣的重要行業一樣，這家公司並沒有花費我個人太多的精力，因為我有幸擁有這麼多積極活躍、能力超群、忠誠可靠的代理人，他們承擔了大部分的管理責任。我很高興，我充分信任這些與我合作的優秀商人，而他們也從來沒有讓我失望過。

出售礦石業

礦石業持續發展，呈現出欣欣向榮的勢頭，直到美國鋼鐵公司（the United States Steel Corporation）成立。該公司的一位代表來找我們談購買我們的土地、礦區以及船隊的意願。當時，我們的生意進展順利，沒有出售的必要。然而這家新公司的組建者認為，我們的礦井、鐵路和船舶是他們戰略規劃必不可少的組成部分，於是我們表示願意促成這一偉大事業的成功。

我覺得，當時他們已經與卡內基先生談妥出售他的一些產業的事宜。經過多次談判，我們接受了他們的出價，而我們的整個工廠，包括礦井、船舶和鐵路等成為了美國鋼鐵公司的一部分。考慮到這些產業目前的價值以及未來增值的空間，我認為這個價格還是合適的。

多年來，這場交易為美國鋼鐵公司帶來了豐厚的利潤，由於該次出售大部分是用該公司的股票支付，我們也從公司的繁榮發展中獲得了好處。就這樣，經過七年的奮鬥之後，我徹底地離開了礦石開採、運輸和貿易的行業。

遵從商業法則

當時，投資採礦業時，看起來多少有點前途渺茫。不過，回首從事礦石業的經歷，我更加深刻地體會到我經常提及的一個商業原則的重要性。能夠耐心地將我的回憶錄讀到這裡的年輕人如果能夠理解這一點，我會感到心滿意足，也希望他可以從中獲益。

在商業經營中，獲得成功最基本的要素，便是遵從已建立的高級的商業法則。確定明確的方向，研究並堅持他們認為正確的營運模式。不要滿足於暫時的和眼前的優勢，不要妄想一夜成功。如果你不滿足於獲得小小的成功，就不要把精力浪費在一些不會取得大成就的小事上。在投入一項事業之前，要看清如何通向成功之路。要有遠見。很多聰明的商人在賭上全部身家投身某一行業之前，卻對這一事業的前景研究甚少，甚至沒有任何研究，這一點讓人十分詫異。

認真研究你的資金需求，增強應對可能開支的能力，因為風險不可避免。對於真實的情況，任何時候都不要自欺欺人。只是抱著賺錢念頭的人是不會獲得成功的；你需要擁有更大的雄心。商業領域的成功並不神祕。偉大的工業領袖曾反覆告訴我們一個簡單而明顯的事實，即不誠信經營，就無法獲得廣泛的信任，也就無法獲得永久的成功，這才是我們所珍視並為之奮鬥的真正資本。如果你圓滿地完成每天的任務，忠實地按照我所提及的這些商業法則經運，保持清醒的頭腦，你便能獲得成功；你或許也會原諒我這番老套的說教。能夠冷靜讀這樣一本書的年輕人，相信能做到「勝不驕、敗不餒」，我也就沒有必要來勸誡了。

大蕭條的經歷

十九世紀九〇年代初期，我便想退出商界。由於很小就開始工作，我覺得到五十歲了，也該從繁忙的商業事務中解脫出來，享受生活中其他的樂趣，而不是一味地賺錢。從我開始經商，賺錢就一直是我生活的一部分，現在該改變一下了。然而一八九一年和一八九二年的經濟形勢很糟糕。一八九三年，風暴來臨了，正如我前面所提到的，我眾多的投資專案需要繼續經營。這一年和接下來的一年，每個人都深陷焦慮，舉步維艱。在這個時候，沒有人可以安心地退休。不過，在經濟大恐慌的所有年份裡，標準石油公司由於奉行保守的財務管理，擁有大量的現金儲備，總是能夠保持著健康的發展狀態。一八九四年和一八九五年，形勢好轉，我終於能夠從公司的管理事務中脫身了。我已經說過，從那時起，我幾乎再也沒有參與公司的業務營運了。

我清楚地記得一八五七年以來所有的大蕭條時期，其中我認為一九〇七年的大恐慌是最艱難的一次，不論大小企業都受到波及，無人能倖免。人們深陷在混亂與恐慌中，在這樣緊急的情況下，必須支持和確保一些重要企業渡過難關，否則後果不堪設想。摩根先生真誠地伸出了援助之手，我和其他商人均從中受惠，為此對他表示深深的感激。他的權威地位毋庸置疑。他雷厲風行、做事果斷，反應迅速，行動果敢，使人們重拾信心。他得到了國內許多有能力和有實力的金融家的支持，大家團結合作，鼓勵人們重建對國家的信心，有效地推動了經濟的復甦。有人曾問我是否能快速地從一九〇七年十月的經濟大恐慌中恢復過來，我不願意就這個話題表態，因為我不是預言家，也不是預言家的兒子。當然，最終的結果無庸置疑，這一暫時的挫折將使企業經營者採取更為謹慎和保守的作為，而這正是我們所需要的一種品質。大蕭條不會長期壓抑我們勇於創新的積極性，這個國家的資源也沒有因為金融風暴而削弱或毀壞。經過逐漸的恢復，未來的經濟基礎將會更加穩固，不論在商業領域還是在其他領域，耐心都是一種美德。

這裡我想再次提醒一下生意人，要坦然地研究自己的現實狀況，面對事實，不要選擇逃避。如果管理方法上有問題，就要清楚地認識到這個事實，然後採取相應的改正措施。違背自然法則是不會成功的，忽略自然法則的存在是愚蠢的。對於一個思維敏捷、想像力豐富的民族來說，要想背離毫不平淡、嚴酷的現實條件並不是一件容易的事情，然而，我們仍然應該自立自強，屹立於世界市場。

第六章

贈予的藝術

贈予的精神內涵

毫無疑問，贈予的快樂、應對他人承擔的責任，無論何時提起這些話題，都很容易寫成一通長篇大論，裡面充斥著世代沿用的語言堆砌起來的陳腔濫調和通用套話。

在這個議題上，許多天才的作家都無法寫出新意，我更沒有奢望能有什麼新創意。但我承認，比起談論我長期以來從事的商業和貿易，現在我對這個話題更感興趣。不過，一般而言，慈善活動有其非常實用和商業化的一面，能給企業帶來商業機會。人們經常會忽略，或者說至少不能全心地體會到源自內心的贈予的精神，而這種精神才是其真正的價值所在。

當今世代，我們可以要求國家中最有本事的人，為公眾的福利事業貢獻更多的時間、精力和金錢。我不會自以為是地給這些慈善工作應包含的內容做嚴格的定義。每個人都是在為自己做善事，他有權選擇自己要做什麼。我認為慈善事業沒有優劣之分，不能說什麼是狹隘的慈善計畫，或哪些是最好的設想方案。

毫無疑問，認為擁有大量財富必然擁有幸福的看法是錯誤的。極其富有的人和其他人一樣，如果他們能從金錢中得到快樂，那種快樂也是源於他們有能力做一些能夠為他人帶來快樂的事情。

富人的局限

有人曾公開對我說，單純追求物質享受的支出很快就會失去吸引力。這種能夠購買任何自己想要的東西的新奇感很快便會消失，因為人類追求的大部分東西是無法用金錢來獲得的。我們在報紙上看到，這些富人不會因為奢侈的消費而得到內心的快樂。滿桌的山珍海味卻無福消受；全身綾羅綢緞卻遭受公眾的譏諷；儘管生活條件比別人優越，但他們遭受的痛苦卻比享受到的快樂多得多。在研究富人的過程中，我發現只有一種花費財富能夠實現真正價值的方式，那就是培養一種贈予的愛好，投身公益，造福社會，只有這樣，才能得到長久的滿足感。

商人通常會認為他已經為社會創造了財富，為一些或許多人提供了穩定的工作；他還為員工創造了優越的工作環境、新的工作機遇，以及強大的工作動力。如果只是關注員工的福利，並且只按其行事，就無法贏得人們對他發自內心的尊重。認為只要按時發放薪水就是好企業，這是最狹隘——我覺得也是最平庸的一種觀點。

約翰·洛克菲勒的學校

最大程度的慈善事業

最大程度的慈善意味著多做好事，少做壞事，滋養人類文明的土壤，廣泛傳遞健康、正義與幸福的福音；它不是通常所稱的仁慈。在我看來，這種慈善指的是精力或時間或財富的投入，它包括為僱用的員工提供豐厚報酬的能力，拓展和發展現有資源的能力，為員工提供之前沒有的發展機會和健康工作環境的能力。只有這些才能帶來持久和有益的結果，單純給錢無法與此相提並論。

我經常想，如果這種論斷成立的話，慈善事業的領域將是多麼寬廣！有人會認為日常的工作是一回事，慈善事業完全是另外一回事，我不同意這種觀點。只有在星期天才有時間發善心的人，無法成為這個國家慈善事業的支柱。

請原諒我頻頻提起這些事務纏身的商人，他們是慈善事業最需要的人。我認識一些人，他們致力於發展事務的宏偉藍圖，而非把企業發展當成暫時的任務，而是作為長期的責任。他們接手前途莫測的企業，冒著巨大的風險，面對著巨大的懷疑，帶領企業走向成功。他們這麼做不僅僅是為了個人的利益，更是源於推動人類發展的更崇高的精神動力。

紐約Owego學院

無私奉獻是成功之路

如果讓我給開始新生活的年輕人提點建議，我會對他說：如果你想獲得廣泛無私的巨大成功，無論你是受僱於某家公司或是成為獨立的生產者，都不要抱著坑蒙拐騙、不擇手段地獲取利益的想法開始你的事業。在選擇自己的行業或職業時，首先要想一想：選擇什麼樣的工作才能使我發揮最大的作用？在哪裡可以最為有效地工作，為社會創造最大的利益？抱著這樣的想法進入社會，通過這種方法選擇自己的職業，那麼你在通向巨大成功巔峰的道路上已經邁出了重要的一步。調查顯示，在我國，擁有大量財富的人，往往是那些對國家的經濟發展產生巨大而深遠影響的人，他們對國家的未來充滿信心，盡全力開發國家資源，推進國家發展，在其他國家也是如此。為社會做出最大貢獻的人是最成功的人。為公眾所需要的企業將發展壯大，而公眾不需要的企業註定會失敗，也應該走向失敗。

另外，這樣一個豁達的商人最該謹慎的事情，便是避免把時間、精力或金錢投入到既有工業進行沒有必要的重複投資。在他們看來，花費在增加沒有必要的競爭上面的所有錢，都是一種浪費，甚至比浪費更糟糕。如果有一家工廠生產的產品價格低廉，能夠滿足公眾的消費需求，再建第二家同樣的工廠便是對國家資源的浪費，會破壞國家繁榮發展的局面，奪走勞動者的生計，給世界帶來不必要的悲痛和苦難。

或許，美國人民前進和幸福的最大的、唯一的障礙，便是這麼多人總是把時間和金錢花在增加競爭性產業，而不是用在開發新領域以及社會所需要的行業和發展中。社會發展要求創新思維，尋找、支持，或是開發新的行業，而不是因循守舊，一味效仿前人的成功之路。現在，我們的國家處於高速發展期，機遇無處不在。如果只追求一己私利，而不致力於推動人類的進步，謀求全人類的福利，就註定會導致個人的失敗。更遺憾的是，他們的失敗將會使其他一些無辜的人喪失生活來源，遭受莫大的苦難。

服務社會的慷慨

或許世界最慷慨的人便是極度貧窮的人，他們共同努力，共挑重擔，應對不時來襲的艱險。住在出租屋的母親生病了，隔壁的鄰居幫她分擔重擔；父親失業了，鄰居從自己僅剩的食物中，拿出一部分分給他的小孩。窮人不顧自己的沉重負擔，毅然收留已故朋友留下的孤兒，並將其撫養成人，這種事情真是不勝枚舉啊！那些生活資源如此匱乏的人尚且如此，有錢人更應該慷慨解囊，出錢出力。幾百年來，猶太人一直有一個戒律，即一個人要將財產的一〇%捐獻給慈善事業，但這個贈予的標準對有些人來說幾乎是不可能完成的，而對有些人來說卻如拿出九牛一毛，輕而易舉。只要贈予的精神存在，比例大小並不重要。贈予的精神最為重要，即使最貧窮的人也可以向他人伸出援手，不要為給予幫助的大小感到難為情。恐怕我又在重複一些套話了。

小時候，我接受了嚴格的教育，儘管刻板，但我非常感激他們的一個慣例，即教導年輕人定期捐贈自己賺取的錢。讓小孩子早早意識到自己對他人的責任是一件好事，但我必須承認，培養這種意識已經越來越難了；因為當時的許多奢侈品現在已經成了尋常的東西。把錢捐贈給偉大事業帶來的樂趣與滿足，遠遠超過賺錢帶來的快樂和滿足。一生中，我一直希望幫助建立高效的贈予機制，讓這些財富為當前社會及後代子孫發揮更大的作用。

或許，贈予金錢和提供服務之間存在著差異。有時，窮人家和鄰居可能會突然遭遇不幸，如果捐錢的人可以事先瞭解他們的狀況，提供服務，幫助他們應對和改善潛在的問題，就會使他的援助更有價值。如果沒有生活壓力，捐贈者可以從更加科學的角度來探討這個問題，但最終的分析是一樣的：如果不對捐款背後的事情進行研究，他捐的錢只能發揮有限的作用；反之，透過提供針對性的服務，這些錢將會更加有價值。

崇高而無私的人管理的大醫院營運出色，為公眾帶來健康的福音；但醫學研究的工作同樣重要，他們挖掘出有關疾病至今未知的事實，研究治療方法，使無數人緩解病痛，甚至擺脫疾病的折磨。

幫助病殘人士更容易激起人們的善心，相對的醫學工作者探尋病源，尋找治療方法，為病殘人士解除痛苦，卻很難爭取到捐款。第一類人會使人產生無法抗拒的憐憫之情，第二類人則需要煞費苦心才能打動別人。不過，我相信我們在科學研究資助方面正取得重大進步。

現在，人們在解決慈善事業的問題時，顯然都力圖超越感情的衝動，那些致力於實踐工作和承擔科學任務的勇士所獲得的資金資助也會越來越多。比如那些冒著生命危險，致力於黃熱病研究的人，他們的英雄主義和犧牲精神能夠鼓舞人心，造福後代，推動醫療和外科事業的蓬勃發展。

科學研究

這種犧牲精神可以延伸到什麼程度？每年，眾多的科學工作者放棄一切，投身科研，為人類的知識大廈增磚添瓦，貢獻力量。有時我會想，那些輕率和肆意譴責科學工作者所從事的事業的人，應該從來沒有考慮過這些指責意味著什麼。無所作為，站在一邊隨意譏諷是一回事；投身工作，歷經艱苦磨煉，贏得發表言論的權力又是另一回事。

就我而言，我一直是個平靜溫和的旁觀者，沒有膽量對那些從事我不瞭解的行業的專業人士指指點點；即使是有幸參與的領域，我也不敢隨便對經驗豐富的專家指手畫腳。

很多人率性地譴責用活的動物做實驗。這些人站在捍衛動物利益的立場上，情真意切地呼籲，讓人們確信用動物做實驗沒有什麼用。紐約洛克菲勒醫學研究院的西蒙・費勒克納爾博士（Dr. Simon Flexner）不得不面對言過其實，甚至駭人聽聞的新聞報導，然而這些報導根本不屬實。

最近，在費勒克納爾博士的領導下，醫學院成功地研製出流行性腦脊髓膜炎（Epidemic Cerebro Spinal Meningitis）的治療方法。為了研製這一療法，醫學院使用了約十五隻動物做實驗，其中大部分是猴子，這是事實，但是我們也要看到，每一個失去生命的動物將挽救無數人的生命。像費勒克納爾博士及其同事這樣無私的人，絕不會讓無辜動物忍受不必要的疼痛。

我曾被竭盡全力拯救一個兒童生命的危急嘗試的故事深深震撼，這是我的一個同事在故事發生後不久寫信告訴我的，在這裡值得重複一下。亞歷克西斯・卡雷爾博士（Dr. Alexis Carrel）是費勒克納爾博士的同事，鍥而不捨的試驗和豐富的臨床經驗使他的醫術愈發精湛，造詣頗高。

一次出色的外科手術

醫學院的一個同事亞歷克西斯・卡雷爾博士一直在進行一些有趣的實驗性外科手術研究，成功地完成了動物間的器官移植及不同物種間的血管移植。最近，他有機會將這種技術運用到人體上，成功地挽救了一個嬰兒的生命，這次手術引起了紐約醫學界的極大興趣。

紐約一位知名的年輕外科醫生去年三月生了一個嬰兒，由於某些原因，嬰兒的血液會從血管中滲出，流入身體的組織中。一般情況下，這個嬰兒會死於內出血。嬰兒出生五天後，已經出現瀕臨死亡的跡象。嬰兒的叔叔也是醫學領域最傑出的專家之一，嬰兒的父親、叔叔和其他一兩位醫生共同會診，但卻一籌莫展，完全想不出什麼解決辦法。

恰巧這位父親對卡雷爾博士在研究從事的工作印象深刻，曾花了幾天研究過他的方法。他確信如果能夠挽救孩子的生命，那麼唯一可能的辦法就是直接輸血。而當時只在成人身上實施過這種手術，嬰兒的血管太細，看上去不可能成功地實行手術。在這種手術中，兩個人的血管不但要連接在一起，而且光滑的血管內壁也要黏合在一起。如果血液與血管的肌層接觸，就會凝結成塊，阻塞血液的循環。

幸運的是，卡雷爾博士曾在一些非常小的動物血管上做過類似的實驗。這位父親相信，如果這個國家有人能夠成功實行這個手術，這個人一定是卡雷爾博士。

當時已是午夜時分，卡雷爾博士過來後，這位父親向他解釋，孩子估計無論如何也保不住了，請他做最後的努力。卡雷爾博士立即答應動手術，但也表示手術成功的概率微乎其微。

由父親為孩子提供血液，兩個人都不能用麻醉藥。孩子太小，只有一條靜脈血管粗點，可以用來輸血。血管在腿的後面，位置很深。在場的一位傑出的外科醫生找到了這條血管。之後，他說孩子已經沒有生命跡象，無論從哪點看，都已經死亡十分鐘了。

看到這種情景，他提出是否還有必要進行這次嘗試。然而這位父親堅持必須繼續進行手術，於是外科醫生找到父親手腕上的橈動脈，在手臂上打開六英寸的口子，以便把血管拉出來，與嬰兒的靜脈血管連接起來。

後來，動手術的這個外科醫生將這次手術稱為「鐵匠工作」。他說嬰兒的血管只有火柴棒般粗細，又脆弱得像濕了的香菸紙，看上去任何人都不可能成功地將這兩條血管連接起來。然而，卡雷爾博士完成了這項偉大的工程。

後來，在場的醫生均稱此為外科史上最引人注目的事件。來自父親動脈的血液流入嬰兒的身體，大約有一品脫。第一絲生命跡象出現了，嬰兒的一隻耳朵上部出現了淡淡的粉色。接著，完全變藍的嘴唇也開始變成紅色，突然，嬰兒像洗了熱辣的芥末澡一樣，身體變成粉紅，然後開始放聲啼哭。大約八分鐘後，兩條血管被分開，手術完成了，此時，嬰兒開始哭著要東西吃了。餵飽後，嬰兒開始正常地睡覺，之後完全康復。

後來，這位父親參加了奧爾巴尼立法委員會會議，反對上次會議中懸而未決的限制動物實驗的法案。他講述了這個故事，並說，在看到卡雷爾博士的實驗時，他並沒有想到這些實驗這麼快便可以拯救人類的生命；他更加沒有想到拯救的是自己孩子的生命。

助人的重要原則

如果能夠教會每個人自己幫助自己，我們便能避免世界上許多罪惡。這是一個重要原則，儘管反覆強調，很多人仍然視若無睹，在這裡有必要重新談一下這個老生常談的話題。

能夠給一個人帶來持久益處的唯一一件事情，就是教他學會自助。不費吹灰之力獲得的財富，通常不是福氣而是禍害。這是我們反對投機的主要原因——不是因為從事投機活動失去的比得到的多，雖然事實確實如此，而是因為在投機中獲利的人，從成功中受到的傷害，通常比失敗帶來的傷害多得多。

在金錢或者其他物質的贈予上，道理也一樣。只有在一種情況下，接受贈予的人才能真正受益，即我們只有幫助他們自助，他們才能得到永久的賜福。

疾病問題研究專家告訴我們，越來越多的跡象顯示，抵抗疾病的力量存在於身體內部，只有這些抗體低於正常水準時，病毒才有機會肆虐。所以，抵禦疾病的方法是提高整個身體的機能；一旦疾病纏身，戰勝它的方法就是強化體內早已存在的這些天然的抵抗組織。同樣，一個人生活中的失敗幾乎都源於身體、精神、性格、意志力或者性情方面的缺陷。因此，克服這些缺陷的唯一辦法就是從內部完善自身。透過自身的完善，就會克服導致失敗的缺陷。只有透過自身的這些努力，才能真正地幫助自己不斷前進。

我們都希望生命的祝福能夠儘可能惠及每個人。人們會制訂出許多粗陋的方案，其中一些完全忽視了人性的本質，如果這些方案得以實施，可能會把我們的整個文明拖入無望的苦難中。

我認為，人們的經濟地位存在差異的主要原因在於人性的差異。我們只有更廣泛地幫助那些品格高尚的人形成強大的人格，才能更廣泛地分配財富。

正常情況下，一個身體健康、思維敏捷、品格良好、意志力堅強的人不會生活窘困、物質匱乏。如果不透過自身的努力，一個人就永遠不可能擁有這些品格。就像我說的，別人能夠為他做的最多的事情，就是幫助他自助。

我們必須永遠記住，用在幫助人類進步的錢再多也不算多。因此，讓所有支出都儘可能發揮最大的價值，是一件多麼重要的事情啊！

坦率地講，本著減少浪費、資源優化的原則，我贊同企業以適當和公平的方式合併與合作；浪費意味著實力的削弱。我真誠地希望並完全相信，這一原則不但適用於商界，最終也適用於贈予的藝術。合併與合作不僅僅能讓企業應對更加複雜的形勢，適應企業發展的趨勢，同時對那些致力於為大多數人謀福利的人來說，也是一種有吸引力的、最有效的方式。

一些基本原則

儘管可能會讓這一章枯燥無味，儘管有人告誡過我連最拙劣的作家都會避免這種寫法，我還是要寫下一些基本原則，請大家見諒，因為我所有的人生規劃都基於此。多年來，我都是遵循這些大原則來從事所有重要的工作；我相信，如果沒有這些明確而系統化的目標，我的慈善工作就不可能取得任何建設性的發展。

經過多年的實踐，我的想法也在發生轉變，我覺得在慈善事業中，有組織的系統規劃必不可少。

大約一八九〇年時，我仍然是哪裡有需要就贈予哪裡，沒有任何計畫。沒有足夠的指導原則，也沒有明確的目標和方向，我一路摸索著前行，隨著慈善事業不斷發展，我幾乎精神崩潰。後來，我逐漸意識到有必要規劃和組建一個部門，來處理相關的日常事務，才能推動此項事業的發展，就像處理商業事務時採用的方法那樣。我將儘量講述一下我們當時制定的一些基本原則。至今我們仍然堅持這些原則，希望將來能夠發揚光大。

可能不應該在這裡談論這樣一個私人問題，我不是沒有注意到這一點，但我不介意說這些，因為大部分的工作和想法，是由致力於慈善事業的家人和同事完成的。

每個正直的人都有一套生活哲學，不管他是否意識到。不論他是否用語言表述出來，他的思想中總是隱藏著某些指導原則，控制著他的生活。當然，他的理想應當是為人類進步貢獻所有的力量，不論這種力量多麼微小，也不論是透過捐贈金錢還是提供服務的方式。

當然，一個人的理想應該是透過投資和捐贈的形式，充分利用自身的財富，推進文明的進步。但是文明是什麼，推動文明發展的偉大法則是什麼，這個問題應該認真地研究。我們的投資，至少一直捐贈於我們認為能夠產生這些結果的目標上。如果你走進我們的辦公室，問慈善委員會或者投資委員會，他們認為文明的構成是什麼。他們會回答，經過研究和分析，他們發現文明是由以下幾個要素構成的；

第一，生活資源的進步，即物質的極大豐富，包括吃穿住行及衛生、公共健康等得到改善，商業、製造業得到發展，公共財富不斷增加……等等。

第二，政府執政能力的改善和法律的進步，即政府制定了保證每個人公正和平等權利，及捍衛最大程度的個人自由的法律，且這些法律得到了公正有效的執行。

第三，文學和語言的進步。

第四，科學和哲學的進步。

第五，藝術和品味的進步。

第六，道德和宗教的進步。

如果你問他們哪一個是最基本的因素——確實有人經常問他們這個問題，他們會回答，這個問題完全是一個學術問題，每個因素都相輔相成，很難說孰輕孰重。但是從歷史上來看，第一個因素——也就是生活資源的進步——總體來說處於政府、文學、知識、品味、宗教的進步之前。雖然本身不是最重要的因素，但它是整個文明構建的基礎，沒有它，文明將不復存在。

因此，我們進行各種投資，生產更多、更便宜的產品，儘可能地改善公眾的生活條件，為人們創造更加舒適的環境。我們並未希望因此而受到好評，我們也沒有做出犧牲，而是獲得了最大、最有把握的回報。雖然在許多方面我們都落後於世界其他國家，但在生產廉價產品、方便獲取生活資源、普及生活必需品等方面，我們遠遠超過他們。

有人會問：既然這些福利應該為公眾共同享有，為什麼大量的財富卻集中在一小部分人手中？在我看來，雖然富有的人控制了大量的財富，但他們不會也不能把這些財富據為己有，完全為自己服務。他們確實擁有大批產業的法定權利，控制著資產的投資，但這只是他們與這些產業延伸或可以延伸出來的關係而已。透過投資這種形式，這些財富又被廣泛的散播出去，逐漸流入工人的口袋。

到目前為止，還沒有人提出一種比個人所有更好的資金管理方法。我們可以把錢存入國庫或者各個州的財政部，但是根據以往的經驗，任何國家或州的立法機構都無法保證，這些資金能夠比在現行方法管理下為人類更有效地謀求福利，擁有財富的人有義務維護對資產的法定權利，管理好這些資金，直到比他們更有能力管理國家資金的某個人或者一群人來接替他們。

我們認為透過高等教育可以促進後面列舉的四個因素的發展，即政府和法律的進步、文學和語言的進步、哲學和科學的進步、藝術和品味的進步。於是我們在國內外投入大量資金，建立了各種各樣的教育機構——它們不僅僅向更多人廣泛傳播人類已有的知識，也儘可能，或許更重要的是推進新的科學研究的發展。單獨一個學術機構普及的範圍有限，只能惠及一小部分人。然而每一項新發現，每一項使人類知識領域擴展的科學研究成果，將為所有學術機構共用，馬上使全人類獲益。

我們的委員會正不斷拓展投資的新領域，我們並不滿足於僅僅資助那些對我們有吸引力的事業。我們明白，這個或那個項目吸引我們，不是因為它們比其他項目更有價值，而是那些更有意義的其他更多事業，尚未進入我們的視野罷了。可能以前不存在的一些創新的個人專案，還沒有向我們提出資助申請。所以，我們這個小小的委員會不會把善款投入只圖便利的管道上，即上門尋求幫助的機構，而忽略掉其他項目。委員會充分研究人類進步的各個領域，從中尋找我們認為最能推動其進步的每一項工作，為其貢獻力量。哪裡沒有為此目的而成立組織，委員會成員就會去那裡創建它。我希望，我們能夠擁有更多的人才，進行更充分的研究，不斷擴展新的領域。

這些所謂的改進工作，一直是我巨大興趣的源泉，對我的生活產生了重大的影響。在這裡提及這個話題，是因為我要再次強調父親和孩子保持親密關係，獲得孩子——不論是男孩還是女孩——信任的重要性。因為孩子們會學習你的一言一行，學會擁有家庭責任感。父親是這樣教我的，所以我也盡力這樣教我的孩子。多年來，我們養成了一起查看信件的習慣，記下必須要做的各種各樣的善舉，研究一些有價值的資助請求，關注著我們感興趣的慈善機構和慈善事件的歷史及報告。

第七章

慈善托拉斯：贈予合作原則的價值

慈善的方式

在前一章「贈予的藝術」中，我講述了更加有效地從事慈善事業的方案。在本章中，我將藉此機會談一下慈善工作中的合作問題，多年來，這一直是我的業餘愛好。

既然商業聯合能夠有效地減少浪費、優化資源配置、獲取更大的收益，為什麼不嘗試讓協同合作在慈善工作中發揮更大的作用呢？我覺得，安德魯·卡內基先生同意成為普通教育委員會成員，顯示教育慈善事業中的合作理念向前邁出了真正的一步。在我看來，他既然接受了委員會理事的席位，便表示他同意委員會透過合作，來資助我國教育機構這一重要原則。

我們每個人都應該感激卡內基先生，用自己的財富為相對貧困的同胞謀福利的熱忱。我想，他致力於投身第二故鄉公益事業的行為，也為世人及後人樹立了光輝的榜樣。

普通教育委員會成立的目的，在於以合乎程序和相對科學的方式，解決在幫助推進和改善全國各地教育事業過程中存在的問題，並為類似組織的成立樹立一個榜樣。現在，卡內基先生已成為委員會的一員。

當然，沒有人知道這個組織最終將取得多大的成就，但就目前的情況來看，在理事會成員的帶領下，它必定會取得輝煌的成就。由於我並不是理事會的成員，也從未參加過他們的會議，所有工作都是由其他人完成的，所以在這裡，我想我可以再次坦誠地表達我個人對這個組織最終取得成功的信心。

經過多年的謹慎研究，我們在更廣泛的領域中擁有一些更大的慈善事業方案，現在我們看到這些方案正在逐漸成型。值得慶幸的是，在最優秀的人中總有一些無私者，對每一項大型的慈善事業都給予支

約翰・洛克菲勒

持。

在我看來，在這些好運中，最令人滿意和感動的，便是這麼多忙碌的人都願意從緊張繁忙的工作中抽出時間，不求回報地為人類進步事業出謀劃策，出錢出力。醫生、牧師、律師和各界舉足輕重的人物，都致力於我們正從事的一些慈善項目，最無私地貢獻著自己的力量。

這樣類似的例子很多，比如羅伯特·奧格登先生（Mr. Robert C. Ogden）。多年來，他一直在繁忙的商業活動中奔波，但他仍然在百忙中擠出時間，熱情洋溢地投身於教育慈善事業，充分發揮其人格魅力，解決難度大的問題，尤其是改善了南部的公共教育體系。在慈善工作中，他明智地遵從基本原則，所取得的成就必將在未來的日子裡對社會產生深遠的影響。

幸運的是，我的孩子和我一樣充滿熱情，而且在我們已開始的慈善工作中，他投入更多的精力。在金錢的問題上，他同意我的觀點，即錢要取之有道，也要用之有道，花錢所要投入的精力至少要和賺錢一樣多，而且，花錢的方法要更正確，錢的使用要更有效。

普通教育委員會已經或正在對美國高等教育機構的選址、目標、工作、資源、管理、教育理念以及現狀與前景進行認真的研究。委員會平均每年花費約二百萬美元，對全國的各類需求和就業機會進行最謹慎的比較研究。它的記錄會向社會公開。許多教育事業的捐贈者正充分地利用這些公正客觀的資訊，希望更多的人都能利用到它們，使其發揮更大的作用。

在我國，有很多人捐款給教育機構，支持其發展，只是資助那些效率低下、選址不當和多餘的學校是一種資源的浪費。對這一問題進行過謹慎研究的人告訴我，那些花費在不明智的教育項目上的資金，如果得到恰當地使用，將能夠建立起一套完整的國家高等教育體系，足以滿足我們的需求。

許多捐助教育事業的好心人在捐贈之前，可能會仔細地調查他們所要資助專案的品德，這些研究應該涉及項目的管理、選址以及周圍其他機構的配套設施。個人幾乎不可能完成如此全面的調查，因為他不是缺乏相關的準確資訊和知識，就是可能會忽略細節，考慮不周。

然而，如果這項調查工作交由普通教育委員會來做的話，可能會取得事半功倍的效果，因為委員會的官員擁有相應的專業知識、工作技能和情感支持，受過專門訓練，能夠提供重要且必要的服務。而今，排斥它的宗派主義壁壘正在迅速瓦解，優秀人才應該也正在肩並肩地共同努力，以應對人類進步面臨的重大問題。

羅馬天主教的慈善事業

說到這裡，我想到了一個例證，即羅馬天主教的慈善事業。根據經驗，我覺得它已經朝這個方向努力，並取得了很大的進展。我吃驚地發現，一定數額的資金在牧師和修女手中所能發揮的作用是那麼大，它們得到了多麼充分的利用啊！當然，我也十分欣賞其他慈善機構工作人員的出色表現，但在羅馬教堂的組織調配下，同樣的一筆資金所發揮的功效，遠超過在其他教會手中發揮的作用。我提到這一點只是為了強調組織原則的重要性，這一點極其重要。數個世紀以來，羅馬教堂一直致力於完善強大的組織力，這一點我就沒有必要再回顧了。

我一直對研究這些問題擁有十分濃厚的興趣。我的助手們成立了一個規模很大的組織，專門調查我們接收到的資助申請。與其他委員會截然不同，該組織從屬於我們紐約的慈善委員會辦公室。個人不可能仔細調查每一個專案，單槍匹馬作戰是行不通的，我已經多次解釋了其中的原因。每天，我們的辦公室會收到幾百封信件，誰也無法一個人來處理這麼多信件。如果寫信人稍微想一下，就一定能意識到這一點，我不可能一個人處理所有人的申請。

我們已經制定了很多方案，隨著實務經驗的不斷累積，這些方案逐漸得到完善。我現在提起它，只當是對大家熱切關注的這項共同事業做出的一點貢獻，請大家一定要原諒我這麼直率地表達這一想法。

已收的資助申請

為了處理每天收到的幾百封申請函，我們特別成立了一個部門，負責閱讀信件，進行分類和調查。開始時，我們以為這項任務艱巨，實際上真正做起來並不像想像中那樣難。當然，這些信件內容各異，來自世界各地的寄件人境況不一。而其中百分之八十的信件，是申請個人使用的捐款，除了寄信人將會對此感激不盡，沒有任何別的名頭。

不過，當中仍然有一些很有價值的申請值得關注。這些申請大體分為以下幾類：

第一，地方慈善團體的申請。城鎮或城市的慈善團體會對全體居民發起呼籲，而周邊的好鄰居也會同朋友和城鎮居民合作，助一臂之力。然而，這些地方慈善團體、醫院、幼稚園及類似機構，不應該向其提供服務的當地社區以外的地區募捐，應該由最熟悉當地需要的當地人民來承擔。

第二，來自全國或國際的申請。這些申請專門針對國內的大富豪，因為他們的財富不僅能夠資助當地慈善團體，還能承擔更多的慈善事業。在全世界的慈善團體中，有許多全國性或國際性的大型慈善組織和基督教組織。知名的財閥經常會收到來自世界各地尋求個人資助的申請，謹慎明智的捐贈者越來越傾向於選擇那些負責任的大型組織作為媒介，幫助他們把資金分配到不同領域。我通常這樣做，每天的實踐都證明這是明智之舉。

約翰・洛克菲勒的妻子蘿拉・斯貝爾曼・洛克菲勒

一個掌握全面資訊的組織，最能瞭解幫助哪些地方能夠發揮捐助資金最大的作用，多年的實踐已經印證了這一點。例如傳教士為了特定的目的向富人募捐——比如建醫院。建這樣一家醫院需要一萬美元，募集這筆錢似乎合理而自然。這位募捐的傳教士隸屬於一個強有勢的宗教派別。

假如這個申請被提交到宗派委員會的負責人手中，他會舉出很多理由說明這個地方並不十分需要建一家新醫院，只須稍加管理，附近的另一家醫院可以滿足這個教區的就醫需求，而另一個地方的教會則無力建醫院。毫無疑問，這個錢應該用在後一個社區。各個傳道站的管理人都知道這些情況，但捐錢的人一點兒也不瞭解。在我看來，在捐款之前先諮詢那些掌握全面資訊的人再行動，才是明智之舉。

一些傑出人士考慮他們真正的責任時，試圖藉由一些理由讓自己的良心得到安慰，這個思想過程十分有趣。例如，有人會說：「我不會把錢給街上的乞丐，我不相信他。」我同意這種觀點，我也不相信這類乞討；但這不是逃脫責任的理由，我們仍然要幫助改善街道上的乞丐所代表的社會狀況。因為我們不屈服於這類人的索取，恰恰是我們應該加入並支持當地慈善組織的理由。這些機構能夠公正而人性化地對待這一階層，辨別出哪些人值得幫助，哪些人只是為了騙取同情，不值得幫助。

又有人說：「我不能把錢給某某委員會，因為聽說我們的捐款只有一半，甚至更少的錢真正到了需要幫助的人手中。」事實再三證明了，這種說法不切實際。即便真的存在這樣的問題，捐贈者也應該幫助這些機構更加有效地開展工作，而不是逃避自己的責任。任何藉口都不能讓一個人緊閉自己的口袋，完全摒棄承擔社會責任的念頭。

彼此相關的慈善機構

在慈善事業上，千萬要謹慎，不要造成重複建設，在慈善團體已經覆蓋的領域，沒有必要再增加一個新團體，而應該加強及完善那些業已開展工作的團體。然而，現實中仍然存在著大量的競爭、大量的重複建設，捐贈時困難最大的一個問題就是，確定這個領域是否已經飽和。很多人在捐贈時，只是簡單地考慮他們所捐贈的機構是否得到規範及嚴格的管理，而完全沒有考慮這一領域是否已經存在其他類似的機構；因此，一個人在捐贈時不能只考察這個單一機構本身，還應該考察同一領域所有相關的類似機構。下面就有一個佐證。

一群熱心人士計畫興建一家孤兒院，該孤兒院將由最有勢力的一個宗教派別來管理。募捐活動開始了，在這些被呼籲捐款的人中，有一個捐款人在捐贈之前，總是會認真研究該專案的具體情況。他問這個新機構的一個宣傳者，這個社區現有的孤兒院有多少張床位、工作效率如何、都建在什麼地方，以及這個社區還缺少哪一層次的孤兒院。

對這些問題，宣傳者一個也回答不出來，於是他決定自己搜集相關資訊，好幫助這個新方案能更有效地發揮作用。經過調查，他發現籌建新孤兒院的這個城市有很多家類似的機構，大量的床位在等待新的申請者，這一領域已經達到飽和。這些事實顯示完全沒有必要再興建一家孤兒院，於是，他把這個情況告訴了專案的組織者。我原本以為這個計畫被取消了，但事實卻非如此，一旦這些熱心人士善心大發，不管這個方案怎麼錯誤，那些慈善團體也會堅定地繼續募捐。

這種方式雖然具有系統性，但顯然十分呆板，如果按照這種方式工作，在很大程度上會忽略個人努力的價值。我的觀點是，互助合作的工作團體不應該壓抑個體的工作，而應該鞏固和推動個人的積極性。慈善事業中的互助合作正在日益發展，同時，廣義上的慈善精神從來沒有像現在這樣全面。

高等教育的資助申請

毫無疑問，那些為自己解決問題的贈予者會遭受很多批評。許多人只是看到了日常生活中最緊迫的需求，而沒有意識到那些不太明顯卻更為重要的需求——例如，高等教育的重大資助申請。無知是世界上大部分貧困和大量犯罪的根源——因此我們需要教育。如果我們支持教育最高形式的發展——無論是哪一領域——我們都會對擴大人類知識的範圍產生最廣泛的影響；新發現或投入運轉的新發明，將成為世界共同的遺產。我認為我們不能忽略高等教育的重要性。大部分科學、醫學、藝術、文學上的偉大成就，都是高等教育充分發展而綻放的花朵，這一純粹的事實得到了無數次的驗證。終有一天，某個偉大的作家將為我們展現這些知識是如何滿足所有人的需求，使生活更加符合所有人的願望，不論是受過教育的人還是沒上過學的人，不管是社會地位高的人還是社會地位低的人，也不管是窮人還是富人。

最成功的慈善事業在於不斷地探索終極目標——追本溯源，從源頭上努力根除罪惡。芝加哥大學除具備一所大學所應具備的綜合素質外，還對科研工作給予了更多的關注，正是這一點使我對它的興趣大大地增加。

威廉・哈珀博士

一提起芝加哥大學這所前途無限的年輕學府，我總會想起威廉・哈珀博士（Dr. William R.Harper）。他對工作的熱情使人看到了芝加哥大學的遠大前景。

當我的女兒在瓦薩爾學院（Vassar College）讀書時，我在那裡第一次見到了哈珀博士。星期天，院長詹姆斯・M.泰勒博士（Dr. James M. Taylor）經常邀請他到瓦薩爾學院辦講座；我經常在那裡度週末，因此會見到這位年輕的耶魯大學教授，偶爾有機會和他交談，在某種程度上感受到了他對工作的巨大熱情。

芝加哥大學建立後，他擔任第一任校長。我們雄心勃勃，希望聘請最優秀的教師，創辦一所不受傳統約束、遵循最現代化教育理念的新機構。他從芝加哥以及中西部民眾中籌集了幾百萬美元，獲得了當地一些重要市民的支持和賞識。這是他的過人之處，因為他不僅獲得了他們物質上的資助，而且得到了他們忠實的支持，並引起了他們強烈的個人興趣——這是一種最好的幫助和合作。他取得的成就遠超過他的想像。他在大學教育中體現的崇高理想，喚起整個中西部地區對高等教育的濃厚興趣，帶動了個人、宗教組織、立法機構真正行動起來，推進了高等教育的發展。現在的人們或許再也意識不到，當前中西部各州完善的大學教育體系，主要間接歸功於這位仁士的天才和智慧。

哈珀博士工作能力出眾，管理能力超群，具有非凡的人格魅力。作為一名朋友和夥伴，哈珀博士經常會從繁重的大學工作中抽出時間，偕夫人到我家做客，與我們度過快樂的時光。在日常交往中，沒有人比他更令人快樂了，與他的交往是我們家庭生活中豐富充實且令人愉悅的經歷。

我很幸運能夠在各個時期為哈珀博士擔任校長的芝加哥大學捐資助學，然而報紙總是認為哈珀博士經常利用我們的私交來獲取這些捐贈。漫畫家以這個話題為中心創造了很多作品。有的漫畫中，哈珀博士成了一位嘟囔著魔咒的催眠師；有的漫畫中，我正在辦公室裡從報紙上剪優惠券，他闖了進來，一看到他，我立刻丟下手上的工作，從窗戶落荒而逃；有的漫畫裡，我站在浮冰上，順著河流逃跑，而哈珀博士在後面窮追不捨；有的漫畫裡，哈珀博士像俄羅斯故事中的狼一樣，緊跟在我身後，我不時地扔下一張百萬美元的支票，而他則不時地停下來去撿。

這些漫畫確實非常有趣，帶有調侃的意味，其中一些還相當幽默，不過對哈珀博士來說，這些一點也不詼諧。實際上，這是對他嚴重的侮辱，我確信，如果他仍健在，他一定會很樂意聽到我這麼說。哈珀博士在擔任芝加哥大學校長的整個任期內，從來沒有書面或口頭為芝加哥大學向我索取過一塊錢。即使在和我家最密切的日常交往中，我們也從來沒有談論或討論過芝加

約翰·洛克菲勒與年幼的大衛·洛克菲勒

哥大學的財政問題。

捐助芝加哥大學的所有流程，與其他捐贈專案的程序完全一樣。專門負責財務預算和管理的大學職員書面提出申請，學校負責此事的委員會和校長每年在固定的時間與我們的慈善基金會開會，討論學校的資金需求。雙方通常能達成完全一致的意見，到現在為止，我還沒有遇到什麼特殊的機會來發表反對意見，根本沒有個人的面談，也沒有個人的懇請，完全是公事公辦。我很樂意進行捐贈，因為芝加哥大學位於我們偉大國家的中心；它深得當地人民的尊重和熱愛；它所從事的是偉大而必需的工作——總而言之，它擁有非凡的魅力，有能力獲得東西部捐贈者的捐款。它之所以能夠吸引和獲得慈善資金，是因為其具有合情合理的價值，並不是在於個人會面或熱情四溢的申請。

很多人不斷地以慈善事業的名義要求與我會面，認為會面將是獲得資助的最好辦法，至少是一種不錯的辦法，這種想法其實是錯誤的。在實務中，我們一律要求申請者提出簡潔的書面申請，不需要全面闡述他們認為這項事業多麼必要。我們會精心挑選能夠勝任的專業人士對申請案進行評估，如果認為值得安排會面，他們便會邀請申請人到辦公室詳談。

來自我們不同員工的書面報告，經過必要的調查、磋商和比較，形成最終的報告後提交給我。

整個過程中，不存在與這個部門聯繫的其他方式。並不像有些申請者所認為的那樣，要求提交書面申請而不進行面談的規定是對其不近人情的拒絕，實際上是對其負責的一種工作方法。如果這是一個好項目，我們就會認真的考慮——這種考慮僅僅靠面談是無法滿足的。

有條件贈予的原因

贈予金錢很容易造成傷害。向一些本可以獲得其他人贊助的機構捐款，並不是最明智的慈善活動，這種捐贈只會使慈善的天然源泉枯竭。

每一個慈善機構隨時都需要儘可能多的捐贈者，這一點非常重要。這意味著慈善機構可以不斷地發出申請，而且如果這些不斷的申請獲得成功，這個機構必須努力工作，滿足真實和明顯的社會需求。而且，許多人與此利益相關，也為明智的理財、無私的管理提供了最好的保證，從而也能獲得持續不斷的支持。

我們給其他人的贈予經常附有條件，並不是想強迫他們盡義務，而是因為我們希望透過這種方式，使越來越多的人將來可能成為捐贈者，關注慈善機構發展，並有機會進行合作，從而為這一機構的發展奠定堅實的基礎。有時，一些不完全瞭解其中含義的人，經常會批評這種有條件的贈予。

慎重、理智、公正的批評總是很珍貴，所有渴望進步的人都應該歡迎這種批評。我遭受過無數惡意的批評，但坦率地說，我並沒有因此而痛苦，也沒有喪失積極的生活態度。我從來沒有想過批評那些與我意見不一但能夠謹慎判斷並坦誠表達的人。無論悲觀主義者的聲音多麼嘈雜，我們知道世界正在更加穩定和快速地發展，在心情沮喪與蒙受侮辱的時刻，想到這一點，我們也就得到了無比的寬慰。

慈善托拉斯

現在讓我們回到慈善托拉斯的話題上來吧。慈善托拉斯指的是用商業中互助合作的方法來管理慈善捐贈的公司。這一理念要想取得成功，必須得到掌握實際商業技能的人幫助。這種趨向完善的可能性應該把最傑出的商業人都吸引進來。當這一理論最終以某種形式，或以比我們現在所能預見的更好形式發揮作用時，我們這些卓越人士的努力將顯得多麼有價值啊！

最好的慈善機構應該得到廣泛和充分的支持，應該由最有才能的人以科學的方法進行高效的管理。這些人應該嚴格為捐贈者負責，不僅要正確地籌措資金，而且要理智和高效地管理好資金，使每一分錢都物盡其用。目前，整個慈善事業的體系或多或少地存在著管理鬆散、隨意無序的狀況。很多善心人殫精竭慮籌集來用以支撐慈善機構發展的資金，卻因管理方法不當，對我們最好的資源造成嚴重的浪費。

我們不能讓那些工作最高效的偉大靈魂淪為籌集資金的奴隸。這應該是商人的任務，而他最重要的任務便是管理這個收支體系。教師、工人、雄心勃勃的群眾領袖應該從緊迫而瑣碎的財務事務中解脫出來，投身偉大的事業，不應該因其他方面的擔憂而分心。

慈善托拉斯出現之後，這樣一個涉及廣泛的組織必將吸引商界最優秀的人才，就像現在巨大的商業機會對他們產生的吸引力一樣。成功的商業人士是一個擁有高信用標準的階層，例外只能證明這種判斷的真實性。有時候我甚至想說，如果我們的牧師能夠更好地瞭解商業生活的本質，肯定會受益匪淺。我認為，神職人員與商人加強聯繫，將使兩個階層都受益。牧師和在教堂中處於重要地位的人，會以處理宗教事務的方式處理慈善事務，在實踐中經常會做出出人意料的決定，因為這些善良的人幾乎沒有接受過世俗世界的任何商業訓練，實際上不利於慈善事業的發展。

無論是在商業中、在教會裡，還是在科學研究中，人們之間正常交往的整個體系都建立在信用的基礎之上。能力卓越的商人只與說真話、信守承諾的人做生意；教會的代表們經常會指責商人，說他們是自私卑鄙的小人，其實，他們可以從商人身上學到很多重要的經驗。如果這兩種人能夠加強交往，增進瞭解，就能更深刻地體會到這一點。

慈善托拉斯的建立將大大提高慈善事業的水準：它們將面對事實；它們將鼓勵和支持工作高效的員工和富有成效的機構；它們將提升慈善事業的理解標準，重點是幫助所有人學會自助。各種跡象表明，這種聯合正在形成，而且發展迅速。在這些托拉斯的理事會中，你最終會發現這裡集中了眾多美國人的精英，他們不但懂得如何去賺錢，並且承擔起管理錢財的責任，理智地將財富運用於慈善事業，推動整個社會的發展。

幾年前，芝加哥大學十年校慶時，我參加了學校的一個宴會。主辦方邀請我在會上發言，於是我草草寫了幾條要點。

輪到我發言時，面對著這些客人——這些家財萬貫、聲名顯赫的來賓——我突然發現這些要點沒有任何意義。一想到這些富有且極具影響力的人將成為慈善事業的潛在力量，我激動不已，於是扔下發言提綱，開始陳述我的慈善托拉斯計畫。

「各位來賓，」我說道，「你們一直希望為慈善事業做出貢獻，我也知道諸位事務繁忙，無法脫身。如果你們覺得沒有精力來研究人性的需求，必須經過充分考慮，你們才能決定是否捐款，我對此充分理解。你們會把資金放入信託機構，為自己及子女儲蓄財富，那麼為什麼不按照這種方法來處理捐款呢？不管這個人多好，如果沒有理財經驗，你肯定不會把留給子女的財富交給他打理。同樣，捐贈給社會的錢，就像我們為家庭的未來開支儲蓄錢財一樣，也應該得到謹慎的管理。慈善托拉斯的理事們將為您處理這些事務。讓我們成立一個組織，一個托拉斯，聘用專業人士，與我們共同合作，正確高效地管理慈善基金，推動慈善事業不斷向前發展。我懇請大家，從現在開始行動起來，不要等待了。」

我得承認，我強烈地贊同這種方式，現在更是如此。

成功講座 357

洛克菲勒自傳

海鴿文化出版圖書有限公司
Seadove Publishing Company Ltd.

作者　洛克菲勒
譯者　徐建萍
美術構成　騾賴耙工作室
封面設計　斐類設計工作室
發行人　羅清維
企畫執行　林義傑、張緯倫
責任行政　陳淑貞

出版　海鴿文化出版圖書有限公司
出版登記　行政院新聞局局版北市業字第780號
發行部　台北市信義區林口街54-4號1樓
電話　02-27273008
傳真　02-27270603
e - mail　seadove.book@msa.hinet.net

總經銷　創智文化有限公司
住址　新北市土城區忠承路89號6樓
電話　02-22683489
傳真　02-22696560
網址　www.booknews.com.tw

香港總經銷　和平圖書有限公司
住址　香港柴灣嘉業街12號百樂門大廈17樓
電話　（852）2804-6687
傳真　（852）2804-6409

CVS總代理　美璟文化有限公司
電 話　02-2723-9968　e - mail：net@uth.com.tw

出版日期　2020年04月01日　一版一刷
　　　　　2021年05月30日　一版五刷
定價　250元
郵政劃撥　18989626戶名：海鴿文化出版圖書有限公司

國家圖書館出版品預行編目資料

洛克菲勒自傳／洛克菲勒作.，徐建萍譯.--一版，
--臺北市 ： 海鴿文化，2020.04
面 ；　公分. －－（成功講座；357）
ISBN 978-986-392-307-7（平裝）

1.洛克菲勒(Rockefeller, John Davison, 1839-1937) 2.傳記

785.28　　109002954